विद्रोही महात्मा

नन्दकिशोर आचार्य

राजकमल प्रकाशन

ISBN : 978-93-90971-14-5

मूल्य : ₹395

पहला संस्करण : 2021

प्रकाशक : राजकमल प्रकाशन प्रा. लि.
1-बी, नेताजी सुभाष मार्ग, दरियागंज
नई दिल्ली-110 002
शाखाएँ : अशोक राजपथ, साइंस कॉलेज के सामने, पटना-800 006
पहली मंजिल, दरबारी बिल्डिंग, महात्मा गाँधी मार्ग, प्रयागराज-211 001
36 ए, शेक्सपियर सरणी, कोलकाता-700 017

वेबसाइट : www.rajkamalprakashan.com
ई-मेल : info@rajkamalprakashan.com

मुद्रक : बी.के. ऑफसेट
नवीन शाहदरा, दिल्ली-110 032

VIDROHĪ MĀHĀTMĀ
Gandhian Philosophy by Nandkishore Acharya

गिरिराज किशोर की स्मृति में
प्रियंवद के लिए

क्रम

विद्रोही महात्मा

आध्यात्मिक विद्रोही

'मेरा जीवन ही मेरा सन्देश है'—महात्मा गाँधी के इस प्रसिद्ध कथन का क्या तात्पर्य है? क्या इसका तात्पर्य उनकी निजी जीवन-शैली से है अर्थात् एक अपरिग्रह-प्रेरित जीवन-शैली—सादगी और न्यूनतम आवश्यकताओं पर आधारित जीवन-शैली अथवा उनके सार्वजनिक जीवन के सन्दर्भ में इस कथन को व्याख्यायित किया जाना चाहिए? महात्मा गाँधी अपनी आत्मकथा को 'सत्य के साथ मेरे प्रयोग' कहते हैं। क्या सत्य को वैयक्तिक और सार्वजनिक खाँचों में बाँटकर समझा या अनुभव किया जा सकता है?

लेकिन जब गाँधी सत्य और ईश्वर को एक मानते हैं, तो क्या सत्य के साथ प्रयोग को ईश्वर के साथ प्रयोग के रूप में लिया जा सकता है? क्या ईश्वर प्रयोग की वस्तु हो सकता है? इसे समझने के लिए हमें गाँधी की ईश्वर-सम्बन्धी अवधारणा को समझना होगा। यह सभी जानते हैं कि शुरू में गाँधी 'ईश्वर सत्य है' कहते थे, जिसे बाद में थोड़ा बदलकर उन्होंने 'सत्य ईश्वर है' कहना शुरू कर दिया। इन कथनों में से प्रथम को कुछ लोग वैयक्तिक ईश्वर को सत्य मानने के अर्थ में ले सकते हैं और दूसरे कथन को निर्वैयक्तिक सत्य को ईश्वर मानने के अर्थ में। लेकिन तब हमें महात्मा गाँधी की सत्य की अवधारणा पर भी विचार करना होगा और देखना होगा कि सत्य और ईश्वर ये दोनों अवधारणाएँ किस तरह गाँधी के चिन्तन में एकमेक हो पाती हैं।

पी.जी. मैथ्यू को लिखे एक पत्र में गाँधी सत्य को परिभाषित करते हुए लिखते हैं : "सत्य अर्थात् सत्, जिसका अर्थ है 'है'। इसलिए 'सत्' में 'सत्य' निहित है।"[1] तात्पर्य यह कि अस्तित्व मात्र सत्य है, इसलिए वही ईश्वर है। अस्तित्व मात्र को सत्य मानने के कारण उसे ही गाँधी ईश्वर भी मान लेते हैं। वह कहते हैं : "मुझे एक मन्द अनुभूति होती है कि जहाँ मेरे चारों ओर मौजूद सभी चीज़ें निरन्तर परिवर्तनशील हैं, निरन्तर नाशवान हैं, वहाँ इन सारे परिवर्तनों के पीछे एक जीवन्त शक्ति है, जो परिवर्तन रहित है, जो सबको धारण करती है, सबकी सृष्टि करती है, संहार करती है, और पुनः सृजन करती है। सभी को अनुप्राणित करने वाली यह शक्ति अथवा आत्मा ही ईश्वर है।"[2] दूसरे शब्दों में, कह सकते हैं कि गाँधी के लिए ईश्वर का अर्थ अस्तित्व का नियम है, क्योंकि जो कुछ परिवर्तनशीलता अस्तित्व में दिखाई देती है, उसकी पृष्ठभूमि में वह नियम सक्रिय है, जो अपरिवर्तनशील है और अस्तित्व को धारण किए है। हमारी परम्परा में भी तो 'धारयतीति धर्मः' कहा गया है। अपनी बात को और अधिक स्पष्ट करते हुए महात्मा गाँधी अन्यत्र कहते हैं : "मैं ईश्वर को व्यक्ति नहीं मानता...ईश्वर का नियम और ईश्वर दो पृथक् पदार्थ या तथ्य नहीं हैं, जैसे लौकिक राजा और उसके नियम पृथक् होते हैं। ईश्वर तो प्रत्यय है, स्वयं नियम है, इसलिए ईश्वर द्वारा नियम तोड़े जाने की कल्पना असम्भव है।" तात्पर्य यह कि जब नियम ही ईश्वर है। तो उसे तोड़ा जाना स्वयं उसके लिए भी सम्भव नहीं है। यदि मनुष्य इस नियम को तोड़ता है तो वह सत्य अथवा ईश्वर से दूर चला जाता है। कहना न होगा कि वर्तमान समाज में जो भी परेशानियाँ दिखाई दे रही हैं—चाहे वे सामाजिक-राजनीतिक तनावों से सम्बन्धित हों या आर्थिक शोषण अथवा प्रकृति के विनाश और पारिस्थितिकीय असन्तुलन आदि से—वे सभी अस्तित्व के नियम को तोड़ने के ही विविध परिणाम हैं।

तो क्या पारिस्थितिकी के नियम ही अस्तित्व के नियम नहीं है? क्या उन्हें ही सत्यस्थानीय अर्थात् ईश्वरस्थानीय नहीं समझ लेना चाहिए। महात्मा गाँधी तो कम से कम यही मानते नज़र आते हैं। इसलिए उनकी आर्थिकी को भी इसी सन्दर्भ में समझे जाने की ज़रूरत है, जिस पर हम आगे विचार करेंगे।

लेकिन पारिस्थितिकी क्योंकि सम्पूर्ण अस्तित्व और जीवन को एक अखंड मानती है, जो पारस्परिक अन्तर्ग्रंथन पर आधारित है, इसलिए यह समझना भी ज़रूरी होगा कि सम्पूर्ण अस्तित्व और जीवन के एकत्व का यह नियम अर्थात् पारिस्थितिकी में सक्रिय सत्य मानवीय जीवन में कैसे प्रतिफलित होता है और जिसके टूट जाने पर मानव-जीवन विविध आयामों में विनाशोन्मुख हो जाता है। दूसरे शब्दों में कहें तो यह देखना होगा कि अस्तित्व का नियम अथवा ईश्वर मानव-जीवन के व्यवहार में क्या रूप ग्रहण करता है।

महात्मा गाँधी मानते हैं कि अस्तित्व या जीवन के एकत्व और पारस्परिक अन्तर्ग्रंथन का नियम मानव-जीवन में 'प्रेम' या 'अहिंसा' के रूप में प्रतिफलित होता है। मार्क्सवादी दर्शन में जैसे प्रकृति की द्वन्द्वात्मकता का नियम मानव-जीवन में वर्ग-संघर्ष में अभिव्यक्त होता है, वैसे ही गाँधी-चिन्तन में जीवन के एकत्व का नियम 'प्रेम' या 'अहिंसा' के नियम से प्रेरित व्यवहार के रूप में प्रतिफलित होता है और एम.एन. राय जैसे विचारक की दृष्टि में वह सहकार का रूप लेता है। गाँधी लिखते हैं : "जब आप सत्य को ईश्वर-रूप में पाना चाहते हैं, तो एकमात्र अनिवार्य साधन प्रेम, अर्थात् अहिंसा है। और क्योंकि मैं मानता हूँ कि साधन और साध्य पर्यायवाची हैं, मुझे यह कहने में कोई हिचक नहीं कि ईश्वर प्रेम है।"[3] अपनी धारणा को और अधिक स्पष्ट करते हुए वह अन्यत्र कहते हैं : "सत्य की सार्वभौम एवं सर्वव्यापी भावना के प्रत्यक्ष दर्शन वही कर सकता है, जो क्षुद्रतम प्राणी से भी उतना ही प्रेम कर सके, जितना कि वह स्वयं को करता है। और जो ऐसा करने का आकांक्षी हो, वह जीवन के किसी क्षेत्र से अपने को असम्पृक्त नहीं रख सकता। यही कारण है कि सत्य के प्रति मेरे अनुराग ने मुझे राजनीति के क्षेत्र में ला खड़ा किया है; और मैं बिना हिचक, किन्तु विनम्रतापूर्वक कह सकता हूँ कि जो यह कहते हैं कि धर्म का राजनीति से कोई लेना-देना नहीं है, वे यह नहीं जानते कि धर्म क्या है।"[4]

लेकिन सवाल यह उठता है कि सबको प्रेम करने का तात्पर्य क्या है, यदि वह कष्ट में पड़े प्राणियों के कल्याण के लिए सक्रिय नहीं होता। मिर्ज़ा ग़ालिब कहते हैं : "रगों में दौड़ते फिरने के हम नहीं कायल / जो आँख

ही से न टपका तो फिर लहू क्या है।" महात्मा गाँधी के लिए भी प्रेम कोई निष्क्रिय भावना नहीं है। यदि वह अस्तित्वगत ऐक्य का नियम है तो उसे सदैव सक्रिय होना होगा। इसीलिए गाँधी बुराई के विरुद्ध संघर्ष को प्रेम का अर्थात् सत्य अथवा ईश्वर का ही रूप मानते प्रतीत होते हैं : "मैं यह भी जानता हूँ कि यदि मैं बुराई से न लड़ूँ और इस संघर्ष में प्राणों की बाजी न लगा दूँ तो मैं कभी ईश्वर को नहीं जान पाऊँगा। मेरे साधारण और सीमित अनुभव ने मेरे इस विश्वास को और भी दृढ़ कर दिया है।"[5] एक और स्थल पर वह कहते हैं : "मेरे लिए ईश्वर सत्य और प्रेम है, ईश्वर नीति और नैतिकता है, ईश्वर निर्भयता है, ईश्वर जीवन और आलोक का स्रोत है...ईश्वर अन्तरात्मा है।"[6] इन सब लक्षणों को मिलाकर पढ़ें तो स्पष्ट हो जाता है कि ईश्वर वह नैतिक अन्तरात्मा है, जो सत्य और प्रेम के रूप में प्रकट होता है।

क्या यह ईश्वर और धर्म की पारम्परिक अवधारणा को ही रूपान्तरित कर देना नहीं है? गाँधी ईश्वर को मानवता से अलग नहीं देख पाते और इसलिए उसकी सेवा को ही ईश्वर की सेवा समझते हैं। सामान्यत:, यही माना गया है कि आध्यात्मिक में नैतिक समाहित है, लेकिन गाँधी इससे उलट इस बात पर जोर देते हैं कि "मेरे लिए नैतिक में आध्यात्मिक समाविष्ट है...सुधारक के रूप में, मैंने हर चीज़ को नैतिक दृष्टि से देखा है। चाहे मैं किसी राजनीतिक समस्या से जूझ रहा हूँ अथवा सामाजिक या आर्थिक समस्या से, उसका नैतिक पक्ष सदैव प्रबल होकर सामने आ जाता है और मेरे सम्पूर्ण दृष्टिकोण पर छा जाता है।"[7]

स्पष्ट है कि महात्मा गाँधी ईश्वर की रूढ़ अवधारणा से असहमत होते हुए उसे एक भिन्न आयाम दे देते हैं। बुराई से संघर्ष उनके लिए एक आध्यात्मिक अनुभूति हो जाता है। वह कहते भी हैं : "ईश्वर को प्राप्त करने का एक ही उपाय है कि उसे उसकी सृष्टि में देखा और उसके साथ एकाकार हुआ जाए।"[8] एक और स्थल पर वह कहते हैं : "मैं ईश्वर को मानवता की सेवा के जरिये पाने का प्रयास कर रहा हूँ, क्योंकि मैं जानता हूँ कि ईश्वर न स्वर्ग में है, न पाताल में, बल्कि हम सब में है।"[9] इसीलिए महात्मा गाँधी की आध्यात्मिकता

किसी भी प्रकार की तांत्रिक या सामान्यत: धार्मिक कही जाने वाली अवधारणाओं और पद्धतियों से मुक्त होकर इसी समाज की दैनन्दिन गतिविधियों और मानवता के साथ जुड़ाव में ही अपने को सिद्ध करती है। उनका प्रसिद्ध कथन है : "यदि मैं अपने को यह विश्वास दिला पाता कि ईश्वर हिमालय की गुफा में मिलेगा तो मैं तत्काल वहाँ के लिए प्रस्थान कर देता। लेकिन मैं जानता हूँ कि मैं उसे मानवता से पृथक् नहीं पा सकता।"[10] और भी, "मैं यह नहीं मानता कि आध्यात्मिक नियम के प्रवर्तन का अपना कोई विशिष्ट इलाका है। इसके विपरीत, वह जीवन के दैनन्दिन क्रियाकलाप के माध्यम से ही स्वयं को अभिव्यक्त करता है। इस प्रकार वह आर्थिक, सामाजिक और राजनीतिक सभी क्षेत्रों को प्रभावित करता है।"[11]

उपर्युक्त कथनों से स्पष्ट हो जाता है कि महात्मा गाँधी के लिए बुराई से संघर्ष की व्याप्ति केवल वैयक्तिक जीवन तक सीमित नहीं है, बल्कि सार्वजनिक जीवन का भी हर आयाम उसकी परिधि में आ जाता है। महात्मा गाँधी के लिए क्योंकि प्रत्येक बुराई एक प्रकार की हिंसा है, इसलिए कह सकते हैं कि वह हिंसा के सभी रूपों और आयामों के विरुद्ध संघर्ष को आध्यात्मिक साधना ही मानते हैं। आध्यात्मिकता के आग्रह के कारण, सामान्यत:, गाँधी के विद्रोही चरित्र की अनदेखी हो जाती है। कभी-कभी आश्चर्य होता है कि कबीर को उनकी आध्यात्मिकता के बावजूद उन्हें क्रान्तिकारी या विद्रोही मानने वाले विद्वान महात्मा गाँधी की कबीर के समकक्ष, बल्कि शायद अधिक व्यापक, आध्यात्मिकता के क्रान्तिकारी चरित्र को क्यों नहीं समझ पाते। महात्मा गाँधी तो भारत की आज़ादी के लिए किए जा रहे अपने संघर्ष को भी अपनी आध्यात्मिक साधना का ही एक रूप मानते हैं, क्योंकि विदेशी शासन एक बुराई है, हिंसा है, और वह इस हिंसा से पीड़ित भारत की जनता को उससे मुक्त करने के लिए संघर्ष कर रहे हैं। वह मानते हैं कि भारत की मुक्ति और उनकी निजी आध्यात्मिक मुक्ति सहोदर है : "जब मैं कहता हूँ कि मैं अपनी मुक्ति को सर्वाधिक, यहाँ तक कि भारत की मुक्ति से भी अधिक महत्त्व देता हूँ तो इसका आशय यह नहीं है कि मेरी निजी मुक्ति के लिए भारत की राजनीतिक अथवा

किसी अन्य प्रकार की मुक्ति की बलि देनी होगी। इसका अनिवार्य आशय यह होता है कि दोनों सहगामी हैं।"[12]

यदि आध्यात्मिकता या सत्य की साधना में हिंसा के विरुद्ध संघर्ष एक अनिवार्यता है, जो महात्मा गाँधी के लिए तो है ही, तो हिंसा के विविध रूपों पर भी थोड़ा विचार कर लेना आवश्यक है। जोहन गाल्तुंग ने हिंसा को परिभाषित करते हुए लिखा है : "मानवीय आत्मसिद्धि में कोई भी निवारणीय अवरोध हिंसा है।"[13] कहा जा सकता है कि ऐसे किसी भी अवरोध को मिटाने का प्रयास एक आध्यात्मिक प्रयास है। मानवीय आत्मसिद्धि को भी केवल मानव-केन्द्रित मानना भूल होगी क्योंकि गाल्तुंग मानवीय आवश्यकताओं की अपनी सूची में भौतिक और भावात्मक आवश्यकताओं का उल्लेख करते हुए प्रकृति से सहज मिलन और सहभागिता को भी आत्मसिद्धि के लिए ज़रूरी मानते हैं। भाव-हिंसा को जैन-दर्शन द्रव्य-हिंसा से भी बड़ा पाप मानता है—और यदि भाव हिंसक है तो आत्मसिद्धि कैसे सम्भव है?

यदि हम हिंसा के विविध रूपों पर विचार करें तो देख सकते हैं कि वह प्रत्यक्ष भी होती है और अप्रत्यक्ष भी। प्रत्यक्ष हिंसा किसी एक कर्ता द्वारा अन्य पर आघात है, लेकिन समाज में हिंसा के कई परोक्ष रूप भी होते हैं, जो कई बार प्रत्यक्ष आघात से भी भयंकर हो सकते हैं। गाल्तुंग इन्हें संरचनागत और सांस्कृतिक हिंसा कहते हैं और स्पष्ट करते हैं कि हमारी सामाजिक, राजनीतिक और आर्थिक संरचनाओं के हिंसक स्वरूप की पृष्ठभूमि में सांस्कृतिक हिंसा—हमारे विश्वास सक्रिय रहते हैं, जो संरचनागत हिंसा को ही नहीं, कई बार प्रत्यक्ष हिंसा को वैध ठहराने के लिए इस्तेमाल किए जाते हैं। यह उल्लेखनीय है कि गाल्तुंग के विश्लेषण से बहुत पहले महात्मा गाँधी न केवल हिंसा के इन संरचनागत रूपों को पहचान पाते और उन सबकी पृष्ठभूमि में सक्रिय हमारी विश्वास-प्रणाली या सांस्कृतिक हिंसा को भी चुनौती देते हैं।

'ईश्वर सत्य है' के बजाय 'सत्य ईश्वर है' का आग्रह प्रकारान्तर से ईश्वर की जगह सत्य को प्रतिस्थापित करना तथा सत्य की अनुभूति किसी उपासना-पद्धति के बजाय बुराई या हिंसा से संघर्ष में सम्भव मानना ईश्वर की रूढ़

अवधारणा तथा उसकी प्राप्ति के धर्मशास्त्रीय अनुष्ठानों के प्रति एक प्रकार का वैयक्तिक विद्रोह ही है जो हमारे तत्सम्बन्धी विश्वास-समूह को चुनौती देता है। यही चुनौती तो अपने तरीके से कबीर जैसे सन्त भी देते हैं और इसीलिए ऐसे व्यक्ति विद्रोही सन्त कहे जाते हैं।

अवतार का सिद्धान्त हिन्दू धर्म में बद्धमूल है। लेकिन महात्मा गाँधी इसकी एक बिल्कुल भिन्न और मानव-केन्द्रित व्याख्या करते हैं। वह उसे प्रत्येक मनुष्य की पूर्णता के लिए आकांक्षा की अभिव्यक्ति बताते हुए लिखते हैं : "अवतार में विश्वास मनुष्य की उच्च आध्यात्मिक आकांक्षा का प्रमाण है। मनुष्य जब तक ईश्वर की बराबरी पर नहीं पहुँच पाता, उसे शान्ति नहीं मिलती। इस अवस्था को प्राप्त करने का प्रयास ही एक मात्र सार्थक, सर्वोच्च आकांक्षा है। और यही आत्म साक्षात्कार है।"[14]

जाहिर है इस उच्चतम आकांक्षा की सिद्धि, महात्मा गाँधी के अनुसार, हिंसा के सभी रूपों के प्रति विद्रोह से ही हो सकती है। यही कारण है कि महात्मा गाँधी न केवल हमारी रूढ़िगत अवधारणाओं और विश्वासों को चुनौती देते, बल्कि उनसे प्रेरित संरचनागत और प्रत्यक्ष हिंसा के सभी रूपों के विरुद्ध संघर्षरत होते हुए उन्हें अहिंसक रूपों से प्रतिस्थापित करने का प्रस्ताव करते और कुछ सीमा तक उसके लिए प्रयास भी करते हैं। यही कारण है कि सत्य के उनके प्रयोगों की जमीन किन्हीं साधना-प्रक्रियाओं में नहीं बल्कि ठोस सामाजिक-आर्थिक-राजनीतिक परिस्थितियों में है। कह सकते हैं कि महात्मा गाँधी की आध्यात्मिकता एक प्रकार का आध्यात्मिक विद्रोह है, जिसके माध्यम से वह सत्य की अनुभूति का प्रयास करते हैं। उन्हीं के शब्दों को पुन: दोहराएँ : "मैं यह भी जानता हूँ कि यदि मैं बुराई से न लड़ूँ और इस संघर्ष में प्राणों की बाजी न लगा दूँ तो मैं कभी ईश्वर को नहीं जान पाऊँगा।" यह आध्यात्मिकता उस विद्रोही या क्रान्तिकारी की आध्यात्मिकता ही कही जा सकती है, जो न केवल संरचनागत बुराइयों के विरुद्ध संघर्ष करता बल्कि, साथ ही, हमारी रूढ़िगत विश्वास-प्रणाली को बदलने का भी बीड़ा उठाता है।

सन्दर्भ

1. उद्धृत, आधुनिक भारतीय चिन्तन, विश्वनाथ नरवणे, पृ. 205, राजकमल प्रकाशन प्रा. लि. दिल्ली, 1966
2. यंग इंडिया, 11 अक्टूबर, 1928, पृ. 340-41
3. दि महात्मा, खंड-दो, तेन्दुलकर, पृ. 312
4. यंग इंडिया, 18 अगस्त, 1927, पृ. 370-71
5. वही, 11 अक्टूबर, 1928, पृ. 341
6. स्पीचेज़ एंड राइटिंग्स ऑफ महात्मा गाँधी, पृ. 1069, जी.ए. नेटसन एंड कम्पनी, मद्रास, 1933
7. हरिजन, 29 मार्च, 1935, पृ. 387
8. वही, 29 अगस्त, 1936, पृ. 226
9. यंग इंडिया, 4 अगस्त, 1927, पृ. 247-48
10. हरिजन, 29 अगस्त, 1936, पृ. 226
11. यंग इंडिया, 3 सितम्बर, 1925, पृ. 398
12. वही, 23 फरवरी, 1922, पृ. 123
13. गाल्तुंग, जोहन; वायलेंस एंड इट्स कॉलेज, पृ. 84, यूनेस्को, 1981
14. यंग इंडिया, 6 अगस्त, 1931, पृ. 206

सत्याग्रह : अहिंसक विद्रोह

हम जब भी क्रान्ति या विद्रोह की बात करते हैं तो सामान्यत: उसका हिंसक स्वरूप ही विचार में उभरता है। हिंसक क्रान्ति या किसी अच्छे उद्‌देश्य के लिए साधन रूप हिंसा को लेकर जब नैतिक आधार पर आपत्ति की जाती है, तो उसका समाधान इसी तर्क के आधार पर किया जाता है कि साध्य के आधार पर ही साधन की नैतिकता का विचार होना चाहिए।

लेकिन महात्मा गाँधी साध्य और साधन के इस सम्बन्ध को स्वीकार नहीं करते। उनका मानना है कि साध्य पर हमारा नियंत्रण नहीं है, जबकि साधन हमारे वश में है। इसलिए नैतिकता का विचार पहले साधन की दृष्टि से किया जाना ही उचित है। गाँधी के ही शब्दों में : "लोग कहते हैं 'साधन तो अन्तत: साधन ही तो है।' मैं कहूँगा 'अन्तत: साधन ही सबकुछ है।' साधन जैसा ही साध्य। सृष्टिकर्ता ने हमें केवल साधनों पर ही नियंत्रण दिया है, साध्य पर नहीं।"[1] यदि क्रान्ति या विद्रोह किसी नैतिक लक्ष्य के लिए है, तो पहले उसे स्वयं नैतिक कसौटी पर खरा उतरना होगा। क्या हिंसा नैतिक है?

फ्रेंज फेनन जैसे नववामपन्थी विचारक हिंसा को भी एक नैतिक साधन मानने का आग्रह करते हैं। कार्ल मार्क्स और उनके अनुयायियों को भी आवश्यकता पड़ने पर हिंसा से आपत्ति नहीं थी, लेकिन नववामपन्थी विचारक तो हिंसा को शुद्धिकरण की प्रक्रिया तक कह देते हैं। फेनन का मानना है

कि हिंसा के माध्यम से ही आम लोग सामाजिक सत्यों को जान पाते हैं, हिंसा व्यक्तियों की शुद्धि करती तथा दबे हुए लोगों को उनकी हीन भावना और निराशा तथा निष्क्रियता से मुक्ति दिलाकर उन्हें अभय और आत्मसम्मान लौटाती है।[2] ज्यां पाल सार्त्र शोषण या दमन से मुक्ति के लिए हिंसा की प्राथमिकता के सवाल पर फेनन से सहमति प्रकट करते हुए कहते हैं कि जब कोई मूल अफ्रीकी किसी उपनिवेशवादी पर हिंसा का इस्तेमाल करता है तो वह अपनी खोई हुई पवित्रता का पुनराविष्कार करता है।[3] हर्बर्ट मारक्यूज हिंसा को अनैतिक मानते हुए भी उसकी अनिवार्यता को स्वीकार कर लेते हैं क्योंकि, उनके अनुसार, इतिहास का निर्माण नैतिक मानदंडों के आधार पर नहीं हो सकता।[4] महात्मा गाँधी से पूर्व भारतीय स्वातंत्र्य आन्दोलन का नेतृत्व कर रहे बाल गंगाधर तिलक जैसे विचारक अहिंसा को धर्म मानते हुए भी 'निष्काम हिंसा' को पाप नहीं मानते। वह गीता के 'कर्मयोग' की व्याख्या में वैयक्तिक स्वार्थ और रागद्वेषादि से मुक्त और फलाशा की चिन्ता बिना किए जाने वाले कर्म को निष्काम कर्म की संज्ञा देते हुए मानते हैं कि निष्काम कर्म का प्रयोजन 'लोक-संग्रह' है और यदि इस 'लोक-संग्रह' में हिंसा भी हो तो उसके शुभ-अशुभ फल का बन्धन या लेप नहीं लगता।[5] इसी तरह तिलक यह तो मानते हैं कि दुष्टता का प्रतिकार यदि साधुता से हो तो पहले वही करने का प्रयास करना चाहिए; लेकिन यदि उसमें सफलता न मिले तो 'जैसे को तैसे' बनकर दुष्टता का निवारण करना भी धर्मसम्मत है।[6]

लेकिन गाँधी के लिए अहिंसा पवित्रतम साधन है, जिसे वह किसी भी लक्ष्य के लिए छोड़ना नहीं चाहते। इसीलिए वह साधन की पवित्रता के महत्त्व को रेखांकित करते हुए एक ऐसी राजनीतिक प्रौद्योगिकी का आविष्कार करते हैं जो हिंसा अर्थात् शक्ति के नियम से नहीं, बल्कि प्रेम अर्थात् नैतिकता के नियम से अनुप्राणित और संचालित होती हो। जब वह कहते हैं कि उनके लिए साधन ही सबकुछ है, तब इसका तात्पर्य भी यही है कि जब हम बुराई से लड़ने के लिए बुरे साधन को अपनाते हैं तो प्रकारान्तर से बुराई और अच्छाई के द्वन्द्व में स्वयमेव ही अच्छाई की पराजय स्वीकार कर लेते हैं। हिंसा और

हिंसा के द्वन्द्व में तो विजय उसी की होती है जो अधिक हिंसक हो सके। वह साध्य की नैतिकता की जीत नहीं होती। हिंसक ताकत की विजय का अर्थ ही प्रेम के नियम के बजाय शक्ति के नियम की जीत है। प्रेम के नियम का अर्थ ही सत्य अथवा ईश्वर है और वही नैतिकता का एकमात्र स्रोत है—और इस 'प्रेम के नियम' के आधार पर विकसित राजनीतिक प्रौद्योगिकी को ही वह 'सत्याग्रह' की संज्ञा देते हैं।

सत्याग्रह असत्य के विरुद्ध विद्रोह अवश्य है, लेकिन इस विद्रोह की प्रक्रिया में सत्य की अवहेलना नहीं की जा सकती, क्योंकि इस अवहेलना का निहितार्थ असत्य का स्वीकार हो जाता है। विद्रोह में भी सत्य, नैतिकता और प्रेम या अहिंसा का आग्रह इस प्रकार विद्रोह की प्रचलित अवधारणा के विरुद्ध विद्रोह हो जाता है। सभी क्रान्तिकारी मानी जाने वाली विचारधाराएँ साध्य की सिद्धि में ही साधन के औचित्य को स्थापित करती हैं। उनके विद्रोह के कारण उचित हो सकते हैं, लेकिन यदि विद्रोह की प्रक्रिया ही सत्य की स्थापना के खिलाफ़ चली जाती है तो विद्रोह न केवल निरर्थक, बल्कि असत्य को ही पुष्ट करने वाला हो जाता है। हिंसक क्रान्तियों की सफलता एक अनवरत हिंसक प्रक्रिया पर ही टिक सकती है—चाहे वह क्रान्ति के दौर की हिंसा हो या सफलता को टिकाए रखने के लिए राज्य की हिंसा। जयप्रकाश नारायण मानते हैं कि हिंसक क्रान्ति के लिए उन्हें कोई नैतिक आपत्ति नहीं है, लेकिन 'हिंसक क्रान्ति सदैव किसी-न-किसी प्रकार की तानाशाही को ही जन्म देती है।' वह तोलस्तोय की एक उक्ति को थोड़ा बदलकर कहते हैं कि क्रान्तिकारियों ने जनता के लिए सबकुछ तो किया, केवल उसकी पीठ पर से उतरने का कष्ट नहीं किया है।[7]

महात्मा गाँधी की सत्याग्रह की अवधारणा पर तोलस्तोय और थोरो के प्रभाव को स्वीकार किया जाता है—लेकिन महात्मा गाँधी उस प्रभाव का सर्जनात्मक रूपान्तर करते और उसे नया स्वरूप और आयाम प्रदान करते हैं। महात्मा गाँधी तोलस्तोय के बड़े प्रशंसक थे और विशेष तौर पर उनकी कृति 'दि किंगडम ऑफ गॉड इज विदिन यू' ने उन पर गहरा प्रभाव डाला। एक विश्लेषक के अनुसार इस कृति में गाँधी जी को "न केवल सत्य और

अप्रतिरोध का मुखर समर्थन मिला, बल्कि कष्ट-सहन की सुन्दरता और गरिमा की मार्मिक अभिव्यक्ति भी मिली। तोलस्तोय ने दिखाया था कि किस प्रकार एक व्यक्ति कष्ट सहन करके अपने आपको मुक्त और पाप की शक्ति को नष्ट कर सकता है।"[8] तोलस्तोय भी गाँधी जी को लिखे एक पत्र में 'शक्ति के नियम' के बरक्स 'प्रेम के नियम' को प्रतिष्ठित करते हैं। फिलहाल उन दोनों की दार्शनिक भिन्नताओं की चर्चा में न भी पड़ें तो भी 'प्रेम के नियम' की व्याख्या तथा उसका व्यावहारिक स्वरूप दोनों में भिन्न हैं। तोलस्तोय अप्रतिरोध पर ज़ोर देते हैं और उसके लिए बाइबिल को उद्धृत करते हैं : "रेजिस्ट नॉट दैट इज ईविल।" तोलस्तोय का मानना है कि प्रेम में प्रतिरोध के लिए जगह नहीं है और हिंसक तरीका अपनाकर हम विश्व में हो रही कुल हिंसा में वृद्धि ही करते हैं। महात्मा गाँधी ने तोलस्तोय द्वारा उन्हें लिखे एक पत्र 'ए लैटर टू ए हिन्दू' के गुजराती में अनुवाद की भूमिका में उनसे अपनी आपत्ति का संकेत कर देते हैं : "जो कुछ तोलस्तोय कहते हैं, वह सब स्वीकार करना आवश्यक नहीं है। उनकी कुछ बातें सही नहीं हैं।"[9]

वह क्या है जिससे गाँधी की असहमति हो सकती है? मुझे लगता है कि महात्मा गाँधी 'प्रेम के नियम' को तो स्वीकार करते हैं, लेकिन वह 'अप्रतिरोध' या निष्क्रिय प्रतिरोध—पैसिव रिजिस्टेंस—की जगह अपने सत्याग्रह को, सक्रिय अहिंसात्मक प्रतिरोध को, स्थापित करते हैं। इसी तरह तोलस्तोय का 'अप्रतिरोध' जहाँ वैयक्तिक स्तर तक सीमित रह जाता है, वहीं महात्मा गाँधी का सत्याग्रह सक्रिय सामूहिक अहिंसात्मक प्रतिरोध बनकर बड़े सामाजिक-राजनीतिक परिवर्तनों का कारक बनता है। तोलस्तोय के प्रेम के नियम से सहमति प्रकट करते हुए भी गाँधी जी ने उसे सत्याग्रह, असहयोग और सविनय अवज्ञा के रूप में सार्वजनिक सक्रिय प्रतिरोध में ढालने का प्रयास किया।

महात्मा गाँधी तोलस्तोय की इस बात को मानते नहीं लगते कि प्रेम में प्रतिरोध के लिए जगह नहीं है। गाँधी, दरअसल यह मानते लगते हैं कि "सत्याग्रह में कोई प्रतिपक्ष होता ही नहीं—क्योंकि वहाँ कोई अन्य नहीं होता। सत्याग्रह प्रतिपक्ष के लिए भी एक नैतिक दायित्व का अनुभव करता है क्योंकि वह अपना ही एक

रूप है। ऐसा न मानने पर अहिंसा केवल रणनीति रह जाती है, जीवन-मूल्य अर्थात् सत्य नहीं। अहिंसा की अनुभूति का आधार जीवन मात्र के प्रति दायित्व का निर्वाह करना है। इसलिए जिसे हम सामान्यत: अन्य या प्रतिपक्ष कह देते हैं, उसके प्रति दायित्व के निर्वाह के बिना जीवनमात्र के एकत्व के बोध या अहिंसा की अनुभूति सम्भव नहीं है।"[10] दरअसल, "जब हम किसी अन्याय या हिंसा का सक्रिय अहिंसक प्रतिरोध भी करते हैं तो वह न केवल अन्याय को मिटाने के लिए होता है, बल्कि 'अन्य रूपी आत्म' और 'स्वरूपी आत्म' के द्वैत को भी मिटाता है क्योंकि अन्य के प्रति उत्तरदायित्व अनुभव करने का तात्पर्य अन्य में निहित 'स्व' की तलाश में प्रवृत्त होना है। आत्म के बिना उत्तरदायित्व किसका और किसके प्रति? सत्याग्रह अन्यत्व को भेदकर आत्म का अन्वेषण और बोध है—कहें कि अन्य में आत्मानुभूति की प्रक्रिया।"[11] इसलिए जहाँ प्रेम है वहाँ उत्तरदायित्व है और यह प्रेमप्रसूत उत्तरदायित्व ही है जो 'निष्क्रिय प्रतिरोध' या 'अप्रतिरोध' के बजाय सक्रिय अहिंसात्मक प्रतिरोध की आवश्यकता अनुभव करता है।

इसी तरह थोरो के 'असहयोग' अथवा 'सविनय अवज्ञा' के सिद्धान्त से प्रभावित होते हुए भी महात्मा गाँधी उसे एक नया रूप और आयाम देते हैं। वास्तव में, थोरो की रचनाओं से उनका परिचय दक्षिण अफ्रीका में उनके आन्दोलन की शुरुआत के बाद हुआ था। थोरो का केन्द्रीय प्रतिपाद्य यह है कि हम किसी राज्य की प्रजा होने से पूर्व मनुष्य हैं और इसलिए हमारे लिए राज्य के कानून की अपेक्षा सत्य का महत्त्व प्राथमिक है। यदि क़ानून हमारी अन्तरात्मा, हमारे सत्य को कुचलता है तो हमारा दायित्व बनता है कि उसकी अवज्ञा करें और उसके लिए जेल जाने को तैयार रहें। महात्मा गाँधी थोरो की इस बात से पूरी तरह सहमत हैं कि अनैतिक क़ानूनों की शिष्टतापूर्वक अवज्ञा प्रत्येक नागरिक का दायित्व है। लेकिन थोरो इस दायित्व को वैयक्तिक स्तर पर ही रखते हैं और इसके लिए किसी सामूहिक प्रयत्न या आन्दोलन आदि की बात नहीं करते। थोरो की अवधारणा से सहमत होते हुए गाँधी उसे वैयक्तिक स्तर से उठाकर सार्वजनिक स्तर पर ले आते हैं। थोरो के अवदान का जिक्र करते हुए

महात्मा गाँधी अपने द्वारा चलाये गए असहयोग आन्दोलन के सन्दर्भ में कहते हैं : "सविनय अवज्ञा पद को, जहाँ तक मुझे याद है, थोरो ने एक दास राज्य से सम्बन्धित क़ानूनों के प्रति अपने विरोध को व्यक्त करने के लिए गढ़ा था। उसने सविनय अवज्ञा सम्बन्धी कर्तव्यों पर एक बहुत ही सुन्दर ग्रन्थ की रचना भी की; लेकिन थोरो शायद अहिंसा का पूर्णतया हामी नहीं था और सम्भवत: उसने इसे केवल करों, राजस्व सम्बन्धी वैध क़ानूनों को भंग करने तक ही सीमित रखा। पर सविनय अवज्ञा आन्दोलन जिस रूप में 1919 में चलाया गया, उसमें हर प्रकार के संवैधानिक तथा अनैतिक क़ानून के उल्लंघन का समावेश था। वह क़ानून के प्रति विरोधी के अहिंसात्मक विद्रोह का द्योतक था।"[12]

यहाँ यह भी उल्लेखनीय है कि तोलस्तोय की 'अप्रतिरोध' और थोरो की 'सविनय अवज्ञा' की अवधारणाओं में असहयोग और प्रतिरोध तो है, लेकिन किसी रचनात्मक कार्यक्रम का कोई जिक्र नहीं है। लेकिन महात्मा गाँधी न केवल अन्याय का अहिंसात्मक प्रतिरोध करते बल्कि उसका विकल्प भी सुझाते और उसके लिए रचनात्मक कार्यक्रमों का आग्रह करते हैं। चम्पारण आन्दोलन हो या असहयोग-सविनय अवज्ञा आन्दोलन, वह इनके साथ-साथ स्वदेशी, खादी, मद्यनिषेध, अस्पृश्यता उन्मूलन, स्वच्छता, साक्षरता आदि के कार्यक्रम भी चलाते हैं तथा उनके राष्ट्रीय स्वाधीनता के लिए किए गए आन्दोलन तो वस्तुत: किसी क़ानून विशेष के विरुद्ध नहीं बल्कि भारत में ब्रिटिश राज्य के विरुद्ध अहिंसात्मक विद्रोह तो हैं ही, साथ ही वह भावी भारत के लिए स्वराज का विकल्प भी प्रस्तावित करते हैं।

तोलस्तोय और थोरो की अवधारणाओं और प्रक्रियाओं से गाँधी दृष्टि की अन्त:क्रिया का तुलनात्मक विवेचन करते हुए गाँधी-दर्शन के एक युवा अध्येता शम्भू जोशी अपने निष्कर्ष में कहते हैं : "निष्क्रिय प्रतिरोध के वैयक्तिक चेतना को जगाने के प्रयास व वैचारिक दर्शन से इसे सक्रिय, संगठित अहिंसक सामूहिक प्रयास से व्यावहारिक आन्दोलन में रूपान्तरित करने में सत्याग्रह गाँधी जी की अनूठी विशिष्टता है। इसलिए वर्तमान समय में जहाँ एक ओर हिंसा अपने सूक्ष्म-स्थूल रूपों में व्यापक रूप से उपस्थित है, साथ ही दूसरी ओर विश्व

समुदाय ने अहिंसा व लोकतंत्र को अपनी स्वीकृति प्रदान कर दी है, तो विश्व समुदाय के सामने प्रस्तुत विवादों, संघर्षों को सुलझाने में 'सत्याग्रह' अपनी अनूठी कार्यविधि के कारण न केवल आवश्यक अपितु अत्यन्त प्रासंगिक भी है।"[13]

विद्रोह की अवधारणा का यह अहिंसक रूपान्तरण अहिंसा को केवल रणनीति के रूप में स्वीकार नहीं करता, जहाँ तात्कालिक सफलता ही कसौटी मानी जाती है। सत्याग्रह एक दर्शन का व्यावहारिक रूप है—प्रेम के दर्शन का। महात्मा गाँधी मानते हैं कि सत्याग्रही कभी असफल नहीं होता क्योंकि वह तात्कालिक उद्देश्य से आगे बढ़कर सत्याग्रही को भी रूपान्तरित करता है। सत्याग्रह अपने 'मन के स्वराज्य' को पाने की कुंजी है क्योंकि वह 'आत्मबल या करुणा-बल' है और उस बल को आजमाने के लिए 'स्वदेशी को पूरी तरह अपनाने की ज़रूरत है'—'हिन्द स्वराज' के आख़िर में गाँधी जी, दरअसल, 'एडम स्मिथ और मार्क्स के बरक्स एक अहिंसक समाज के विकल्प का प्रस्ताव करते हैं।'[14] सत्याग्रह की यह अवधारणा महात्मा गाँधी को असत्य और अन्याय के ख़िलाफ़ विद्रोह करने वाले एक क्रान्तिकारी की भूमिका में ला देती है—विचार ही नहीं आचरण में भी। क्रान्ति को परिभाषित करते हुए थोरो का ही कथन है : "सिद्धान्त-प्रेरित कार्यवाही अर्थात् सत्य की अनुभूति और तदनुकूल आचरण चीज़ों और सम्बन्धों को बदल डालता है। यह बात अनिवार्यतः क्रान्तिकारी है और किसी भी यथास्थिति से इसकी पटरी नहीं बैठती।"[15] इस कसौटी के आधार पर महात्मा गाँधी का स्वयं को एक 'अहिंसक क्रान्तिकारी'[16] कहना सर्वथा संगत एवं प्रामाणिक है।

सत्याग्रह, दरअसल तिहरा अस्त्र है। प्रत्येक सत्याग्रही कर्म के तीन उद्देश्य होते हैं। पहला तो यह कि वह तात्कालिक रूप से किसी-न-किसी अन्याय या हिंसा के विरुद्ध एक अहिंसक संघर्ष है; लेकिन उसका दूसरा और वास्तविक उद्देश्य अन्यायी के मन में दबे हुए प्रेम के भाव को अंकुरित करना है और यह तभी सम्भव है जब हम जिसे प्रतिपक्षी मानते हैं, उसके प्रति भी किसी तरह की घृणा

या हिंसा का नहीं बल्कि सहानुभूति और प्रेम का भाव विकसित करें। तीसरा उद्‌देश्य है स्वयं सत्याग्रही में आत्मबल का, उच्चतम नैतिक गुणों का निरन्तर और विकास करना। असहयोग और सविनय अवज्ञा में भी, इसीलिए अन्याय का प्रतिकार करते हुए भी मन में घृणा या क्रोध को स्थान न देने की बात कही गई है। दरअसल, स्वेच्छापूर्वक दु:ख-सहन या पीड़ा भोगने का सत्याग्रह की अवधारणा और प्रक्रिया में केन्द्रीय महत्त्व है। गाँधी की यह मान्यता संगत है कि केवल तर्क द्वारा अन्यायी को नहीं समझाया जा सकता, क्योंकि वह तर्क के कारण नहीं बल्कि अपनी बुरी प्रवृत्तियों के कारण अन्याय कर रहा है। लेकिन उसमें अच्छी वृत्तियाँ भी हैं, जिन्हें जगाने के लिए दु:ख-सहन ही सर्वोपरि उपाय है। वह कहते हैं : "मुझे दिनोदिन यह विश्वास होता जा रहा है कि लोगों के लिए बुनियादी महत्त्व की चीज़ें केवल तर्क के सहारे प्राप्त नहीं की जा सकती, बल्कि दु:ख-सहन के रूप में मूल्य चुकाकर खरीदनी पड़ती हैं। दु:ख-सहन मानव-जाति का नियम है, युद्ध जंगल का नियम है। विरोधी का हृदय-परिवर्तन करने और विवेकसम्मत बात के लिए बन्द उसके कानों को खोलने के वास्ते जंगल के नियम से कहीं ज़्यादा शक्तिशाली नियम दु:ख-सहन का है।"[17] सत्याग्रह के इस रूप की एक विशेषता यह भी है कि इसमें स्वयं के ग़लत साबित होने पर भी कम-से-कम दूसरों को हानि पहुँचाने के दोष से तो बचा जा सकता है और यह भी कि यदि तात्कालिक सफलता न भी मिले तो भी कम-से-कम यह स्वयं सत्याग्रही के मन में दबे उच्चतम भावों और उसके आत्मबल को तो जाग्रत करता ही है।[18] इस अर्थ में वह इस्लाम की शिक्षाओं में वर्णित 'ज़िहाद-अल-अकबर' की भूमिका अदा करता है, जिसका अर्थ अपने मन में दबी बुराइयों से संघर्ष करते हुए उच्चतम नैतिक गुणों का विकास करना है। 'ज़िहाद-अल-असग़र' का अर्थ बाहरी अन्याय के विरुद्ध संघर्ष करना है, जिसे छोटा ज़िहाद माना गया है, जबकि अपनी बुराइयों से संघर्ष को अकबर अर्थात् बड़ा या महान ज़िहाद माना गया है।

सविनय अवज्ञा और असहयोग अपने लक्ष्य की प्राप्ति में तो देर-सवेर सफल होते हैं, साथ ही पीड़ित जनसमूह में भी आत्मविश्वास विकसित करने के उत्कृष्ट

उपाय हैं। फेनन और सार्त्र आदि हिंसा के माध्यम से जिस आत्मविश्वास को पाने की बात करते हैं, वह दरअसल विफलता-बोध से उत्पन्न एक क्रूर मानसिकता की उपज है—चाहे इस क्रूरता का कारण हमारी परिस्थिति और विश्वासों में रहा हो—और इसलिए वह एक मानसिक विकृति है, जिससे अन्ततः फासीवाद पैदा होता है। जिस आत्मविश्वास और आत्मगौरव की बात नववामपन्थी करते हैं, वह एक आक्रामक आत्मविश्वास है, जो किसी गहरी हीनभावना की अभिव्यक्ति होता है। अहिंसा जो आत्मविश्वास पैदा करती है, उसकी जड़ें एक गहरे नैतिक बोध में होती है। अहिंसा एक स्वस्थ मन की अभिव्यक्ति है—यदि वह अहिंसा की आड़ में कायरता नहीं है।[19] महात्मा गाँधी के शब्दों में : "पशु की आत्मा सुप्तावस्था में होती है और वह केवल शारीरिक शक्ति के नियम को ही जानता है। मानव की गरिमा एक उच्चतर नियम—आत्मा के बल का नियम—के पालन की अपेक्षा करती है।"[20] आत्मबल वास्तविक आत्मविश्वास और आत्मगौरव का स्रोत है। अतः दलित वर्ग में जिस आत्मसम्मान के लौटने की बात फेनन और उसके साथी करते हैं, वह तो हिंसा नहीं, अहिंसा के माध्यम से ही सम्भव है। इसलिए एकमात्र राजनैतिक उपाय के रूप में अहिंसा और सत्याग्रह की वांछनीयता अधिक स्पष्ट और प्रमाणित है। "क्रूरता का जवाब क्रूरता से देना अपने नैतिक और बौद्धिक दिवालियेपन को स्वीकार करना है और यह केवल एक दुश्चक्र को ही जन्म दे सकता है।"[21] क्रूरता का जवाब भी इसलिए अहिंसात्मक संघर्ष से ही दिया जाना चाहिए और वह भी इस प्रकार कि न केवल तात्कालिक सफलता मिले, बल्कि विरोध ही समूल नष्ट हो जाए और ऐसा तभी सम्भव है जब सत्याग्रही के मन में प्रतिपक्षी के प्रति भी प्रेम हो। महात्मा गाँधी इसलिए असहयोग को भी विरोधी का सहयोग प्राप्त करने का उपाय मानते हैं : "असहयोग यद्यपि सत्याग्रह के शस्त्रागार का मुख्य शस्त्र है, पर यह नहीं भूलना चाहिए कि यह सत्य और न्याय पर दृढ़ रहते हुए विरोधी का सहयोग प्राप्त करने का साधन मात्र है। अहिंसक विधि का सार यह है कि यह विरोध को समाप्त करने का प्रयास करता है, स्वयं विरोधियों को नहीं।"[22] अहिंसक प्रतिरोध की कसौटी का जिक्र करते हुए वह लिखते हैं :

"वस्तुत: अहिंसा की कसौटी ही यह है कि अहिंसक संघर्ष में उसके उपरान्त कोई विद्वेष बाक़ी न रहे और शत्रु मित्र बन जाए।"[23] विद्रोह में भी सत्य, प्रेम और नैतिकता का आग्रह रखने वाला सत्याग्रह या अहिंसक संघर्ष विद्रोह की प्रचलित अवधारणा और प्रक्रिया के प्रति भी विद्रोह हो जाता है।

सन्दर्भ

1. बोस, एन.के.; सेलेक्शंस फ्रॉम गाँधी, पृ. 37
2. फेनन, फ्रैंज; दि रेचिड ऑफ दि अर्थ, पृ. 74
3. वही, पृ. 18-19
4. मारक्यूज, हर्बट; ए क्रिटीक ऑफ प्योर टालरेंस, पृ. 103
5. तिलक, बाल गंगाधर; गीता रहस्य (हिन्दी अनुवाद : माधवराव सप्रे); पृ. 396
6. वही, पृ. 400
7. नारायण, जयप्रकाश; मेरी विचार यात्रा-भाग एक, पृ. 104-111; सर्व सेवा संघ, वाराणसी; 1974
8. नरवणे, विश्वनाथ; आधुनिक भारतीय चिन्तन; पृ. 198; राजकमल प्रकाशन, दिल्ली; 1966
9. उद्धृत शम्भू जोशी; 'अहिंसक प्रतिरोध : थोरो, टॉलस्टॉय ऑफ गाँधी'; पृ. 63; प्राकृत भारती अकादमी, जयपुर; 2014
10. आचार्य, नन्दकिशोर; सभ्यता का विकल्प; पृ. 89; वाग्देवी प्रकाशन, बीकानेर; 2012
11. वही, पृ. 90
12. यंग इंडिया; 23 मार्च, 1921
13. शम्भू जोशी; वही, पृ. 170
14. आचार्य, नन्दकिशोर; वही, पृ. 98
15. थोरो, हेनरी डेविड; पथ की खोज, पृ. 350; राजपाल एंड संज, दिल्ली; 1963
16. यंग इंडिया; 26 नवम्बर, 1931; पृ. 369
17. वही, 5 नवम्बर, 1931; पृ. 341
18. आचार्य, नन्दकिशोर; वही, पृ. 72
19. वही, पृ. 75
20. यंग इंडिया; 11 अगस्त, 1920; पृ. 3
21. हरिजन; 1 जून, 1947; पृ. 174
22. वही, 29 अप्रैल, 1939; पृ. 101
23. वही, 12 नवम्बर, 1938; पृ. 327

सभ्यता की अवधारणा

सत्य और अहिंसा अर्थात् नैतिक-आध्यात्मिक मूल्यों को केन्द्रीय मानने के कारण महात्मा गाँधी जीवन के सभी कार्य-व्यापारों को इन्हीं की कसौटी पर जाँचते-परखते हैं। सभ्यता अथवा संस्कृति की उनकी अवधारणा के केन्द्र में भी साध्य 'सत्य' और उसका साधन 'अहिंसा' ही रहते हैं और जो सभ्यता इन मूल्यों की कसौटी पर खरी नहीं उतरती, वह स्वाभाविक ही उनकी आलोचना का विषय बन जाती है। 'हिन्द स्वराज' और अपने अन्य लेखों-टिप्पणियों आदि में 'आधुनिक सभ्यता' की भर्त्सना उपर्युक्त मूल्यों की कसौटी पर उसके खरा न उतरने के कारण ही की गई है।

महात्मा गाँधी द्वारा 'आधुनिक सभ्यता' की आलोचना का विश्लेषण करने से पूर्व यह जान लेना आवश्यक है कि सभ्यता या संस्कृति की उनकी अपनी परिभाषा और व्याख्या क्या है। समाज-वैज्ञानिकों, दार्शनिकों और इतिहासकारों में 'सभ्यता' और 'संस्कृति' पदों के आशय और प्रयोग को लेकर बहुत मत-मतान्तर हैं। कुछ मानवविज्ञानी इन दोनों पदों को पर्यायवाची की तरह इस्तेमाल करते हैं, जबकि कुछ के अनुसार ये दोनों भिन्न हैं। उनके अनुसार सभ्यता का सम्बन्ध हमारी दैनन्दिन ज़रूरतों की पूर्ति के तरीकों और परिमाण से है, जबकि संस्कृति का सम्बन्ध हमारे मूल्य-जगत से। लेकिन इन दोनों पदों में भेद होते हुए भी उन्हें एक-दूसरे से पूरी तरह विलग नहीं किया जा सकता—ठीक वैसे ही,

जैसे महात्मा गाँधी के अनुसार, साध्य और साधन को, सत्य और अहिंसा को विलगाया नहीं जा सकता। डॉ. देवराज का यह कथन गाँधी-दृष्टि की संगति में है कि : "संस्कृति का मूल्यात्मक अध्ययन उसके तथ्यात्मक अध्ययन से अलग नहीं किया जा सकता। तथ्यमूलक अन्वेषण भी मूल्य-भावना से अनुप्राणित होता है और मूल्यों का अन्वेषण भी तथ्यों की अवगति पर निर्भर करता है। वस्तुत:, मूल्यों का अनुसन्धान वहीं तक महत्त्वपूर्ण है, जहाँ तक वह हमें जीवन के तथ्यों की अवगति देता है।"[1] वह यह मानते हैं कि "मनुष्य अनुभव जगत के तथ्यों को 'साध्यों' तथा 'साधनों' के रूप में देखता एवं जानता है" क्योंकि "जिन तथ्यों में उसकी रुचि होती है, वे प्राय: अर्थों या मूल्यों के वाहक होते हैं।"[2]

महात्मा संस्कृति और सभ्यता के भेद के अकादमिक विश्लेषण में नहीं पड़ते। सामान्यत: वह 'सभ्यता' पद का ही प्रयोग करते हैं, कभी-कभी संस्कृति पद का भी। लेकिन दोनों से उनका आशय समान ही है क्योंकि 'साधन' की सिद्धि में ही साध्य अन्तर्निहित है। इसलिए 'हिन्द स्वराज' में सभ्यता की जो परिभाषा वह करते हैं, वह प्रकारान्तर से संस्कृति की भी परिभाषा हो जाती है। वह कहते हैं : "सभ्यता वह आचरण है जिसके द्वारा आदमी अपना फ़र्ज़ अदा करता है। फ़र्ज़ अदा करना, अर्थात् नीति का पालन करना। नीति का पालन, अर्थात् अपने मन और इन्द्रियों को वश में रखना। इस प्रकार आचरण करते हुए हम अपने आपको पहचानते हैं; यही सभ्यता है। इसके विरुद्ध जो है, वह असभ्यता है।"[3]

इसलिए मुख्य बात है 'अपने आपको जानना' जिसे हमारी परम्परा में 'आत्मानाम् विद्धि' कहा गया है। क्या गाँधी इस 'आत्मा' को परिभाषित करते हैं? अपनी एक टिप्पणी में 'धर्म' की व्याख्या करते हुए वह कहते हैं कि "धर्म वह है...जो मनुष्य की प्रकृति को ही बदल देता है, जो हमें अपने भीतर के सत्य के साथ तदाकार कर देता है और निरन्तर हमारा पवित्रीकरण करता रहता है। यह मानव-प्रकृति का स्थायी तत्त्व है जो पूर्ण अभिव्यक्ति पाने के लिए कोई भी त्याग करने को तत्पर रहता है और जो आत्मसिद्धि की प्राप्ति तथा अपने स्रष्टा के बोध और स्रष्टा तथा अपने बीच सच्ची अनुरूपता की पहचान होने

तक आत्मा को बेचैन रखता है।"[4] स्पष्ट है कि 'आत्मा' का तात्पर्य अपने में निहित 'ईश्वर' से है। इस बात को और अधिक स्पष्ट करते हुए एक अन्य स्थल पर वह कहते हैं : "प्रत्येक जीवधारी, वस्तुत: ईश्वर का अवतार है... अवतार में विश्वास मनुष्य की उच्च आध्यात्मिक आकांक्षा का प्रमाण है। मनुष्य जब तक ईश्वर की बराबरी पर नहीं पहुँच जाता, उसे शान्ति नहीं मिलती। इस अवस्था को प्राप्त करने का प्रयास ही एकमात्र सार्थक, सर्वोच्च आकांक्षा है। और यही आत्म साक्षात्कार है।"[5] हम देखते हैं कि यहाँ गाँधी 'अवतार' की पारम्परिक अवधारणा को ही चुपके-से उलट देते और अपने अन्दर के ईश्वरत्व की अनुभूति को ही 'आत्मसाक्षात्कार' कह देते हैं। लेकिन, क्योंकि सत्य ही ईश्वर है, इसलिए सत्य का आचरण ही इस 'आत्मसाक्षात्कार' की प्रक्रिया हो सकता है और वह है अहिंसा—अर्थात् अहिंसक आचरण के माध्यम से ही अपने में निहित ईश्वरत्व की सिद्धि हो सकती है। लेकिन यह सत्य क्या है? इस पर अन्यत्र विचार करते हुए वह कहते हैं : "शुभत्व ईश्वर है...शुभत्वरहित ईश्वर की धारणा निर्जीव है। ऐसी धारणा को हम अपनी व्यर्थ की कल्पना से जीवन प्रदान करते हैं।"[6] इसका तात्पर्य यह है कि शुभत्व ही सत्य है और सर्वत्र अहिंसक आचरण ही हमें इस शुभत्व की ओर ले जा सकता है। महात्मा गाँधी की अहिंसा इसीलिए निषेधात्मक अवधारणा नहीं है, वह धनात्मक और सकारात्मक है, जैसे 'अमरता' शब्द अपनी निर्मिति में निषेधात्मक होते हुए भी अपनी भावात्मकता या अर्थ में सकारात्मक है और सकारात्मक होने के कारण यह केवल भाव नहीं बल्कि सक्रिय आचरण हो जाता है। स्वयं गाँधी यह स्पष्ट कर देते हैं कि "जब आप सत्य को ईश्वर रूप में पाना चाहते हैं तो एकमात्र अनिवार्य साधन प्रेम अर्थात् अहिंसा है। और क्योंकि मैं मानता हूँ कि साधन और साध्य पर्यायवाची हैं, मुझे यह कहने में कोई हिचक नहीं है कि ईश्वर प्रेम है।"[7] कुछ लोगों की राय है कि गाँधी जी को सदैव 'प्रेम' शब्द का ही प्रयोग करना चाहिए था। निश्चय ही स्वयं गाँधी जी को भी यह अधिक प्रिय होता, लेकिन कुछ ग़लतफ़हमी से बचने के लिए ही वह 'प्रेम' की जगह 'अहिंसा' शब्द का प्रयोग करते हैं, क्योंकि "कम-से-कम अंग्रेजी भाषा में प्रेम के अनेक

अर्थ हैं और वासना के अर्थ में मानव-प्रेम पतनकारी प्रवृत्ति भी हो सकता है।"[8] लेकिन अहिंसा की अपनी अवधारणा की व्याख्या करते हुए वह स्पष्ट कर देते हैं कि वह नकारात्मक है : "अहिंसा उच्चतम कोटि का सक्रिय बल है। यह आत्मबल अर्थात् हमारे अन्दर बैठे ईश्वरत्व की शक्ति है।"[9]

उपर्युक्त सारे विश्लेषण को संक्षेप में इसी तरह कहा जा सकता है कि सभ्यता वह आचरण है जो अपने अन्दर बैठे ईश्वरत्व (शुभत्व और प्रेम) से साक्षात्कार का माध्यम हो और यह आचरण केवल वैयक्तिक नहीं सभी सामाजिक संस्थाओं और व्यवहार में प्रतिफलित होना चाहिए। यही वह कसौटी है जिस पर महात्मा गाँधी 'आधुनिक सभ्यता' को 'हिन्द स्वराज' में परखते हैं। कहीं जब वह 'पाश्चात्य सभ्यता' पद का प्रयोग करते हैं, तब भी उनका आशय 'आधुनिक सभ्यता' ही होता है—और कभी सिर्फ़ 'सभ्यता' पद को भी वह इसी अर्थ में लेते हैं—अर्थात् वह प्रवृत्ति जिसे आधुनिक पश्चिमी मन वाला व्यक्ति सभ्यता समझता है। सभ्यता को इसी अर्थ में व्याख्यायित करते हुए वह 'हिन्द स्वराज' में लिखते हैं : "पहले तो हम यह सोचें कि किस परिस्थिति को सभ्यता कहा जाता है। इस सभ्यता की सच्ची पहचान तो यह है कि इसे स्वीकार करने वाले लोग भौतिक खोजों और शरीर-सुखों में सार्थकता और पुरुषार्थ मानते हैं।"[10] उसकी चारित्रिकता का वर्णन करते हुए वह आगे निष्कर्ष देते हैं : "उसमें नीति या धर्म की बात है ही नहीं। सभ्यता के हिमायती साफ़ कहते हैं कि उनका काम लोगों को धर्म सिखाना नहीं है। कुछ लोग मानते हैं कि धर्म तो ढोंग है। दूसरे कुछ लोग धर्म का दम्भ करते हैं, नीति की भी बात करते हैं। फिर भी, मैं बीस वर्ष के अनुभव के आधार पर कहता हूँ कि नीति के नाम पर अनीति सिखाई जाती है। यह तो बच्चा भी समझ सकता है कि नीति ऊपर बताई गई बातों में हो ही नहीं सकती। सभ्यता को तो इसी की चिन्ता है कि शारीरिक सुख कैसे मिले। यही देने का वह प्रयत्न करती है, किन्तु वह सुख नहीं मिल पाता।" इसीलिए गाँधी इस सभ्यता को 'अधर्म' और 'शैतानी सभ्यता' की संज्ञा देते हुए कहते हैं कि "इसके कारण सड़ाँध ने घर कर लिया है। यह सभ्यता नाशकारी और नाशवान है। इससे दूर रहना ही अच्छा है।"[11] भारत की दुर्दशा

का विश्लेषण करते हुए वह टिप्पणी करते हैं : "मेरा निश्चित मत है कि भारत अंग्रेजों से नहीं बल्कि वर्तमान सभ्यता के नीचे कुचला जा रहा है। वह उसकी लपेट में आ गया है।"[12] गाँधी जी की दृष्टि में आधुनिक सभ्यता एक हिंसक सभ्यता है—मनुष्य के प्रति हिंसक, प्रकृति के प्रति हिंसक। प्रो. नरसिंह राव के अखबारों में प्रकाशित एक खुले पत्र का उत्तर देते हुए अन्य बातों के साथ पाश्चात्य संस्कृति के लक्षणों का वर्णन करते हुए उन्होंने लिखा : "पाश्चात्य संस्कृति अर्थात् पश्चिम में मान्य आज के आदर्श और उन पर प्रतिष्ठित पाश्चात्य प्रवृत्तियाँ। पशुबल को प्रधान पद, धन को भगवान का ओहदा, ऐहिक सुख की प्राप्ति में समय का अपव्यय, अनेक प्रकार के दुनियावी-भोगों को पाने के लिए अद्भुत साहस, यांत्रिक शक्ति को बढ़ाने के निमित्त मानसिक शक्तियों का असीमित प्रयोग, संहारक अस्त्रों को खोज निकालने में करोड़ों रुपयों का खर्च और यूरोप से बाहर के राष्ट्रों की जनता को हीन समझना—इस संस्कृति को मैं सर्वथा त्याज्य मानता हूँ।"[13] इसीलिए गाँधी जी ने लंदन में भारतीय विद्यार्थियों की एक सभा को सम्बोधित करते हुए 1931 में कहा था : "मुझे अपने देशवासियों की पीड़ाओं के निवारण से भी अधिक चिन्ता मानव-प्रकृति के बर्बरीकरण को रोकने की है।" वह बर्बरीकरण जो इस आधुनिक सभ्यता के लालच का स्वाभाविक परिणाम है। यह लालच व्यक्तियों में ही नहीं, राष्ट्रों में भी देखा जाता है। युद्ध धन, आर्थिक साधनों और ज़मीन पर कब्ज़ा करने के लिए ही लड़े जाते रहे हैं। शस्त्र उद्योग भयभीत राष्ट्रों से लाभ कमाने के लिए ही विकसित होता गया है। भोगवाद और सैनिकवाद में भी घनिष्ठ सम्बन्ध है। कभी यह जाँच होनी चाहिए कि विश्व के सकल उत्पाद और कथित आर्थिक विकास में शस्त्र-उद्योग और विलासिता-उद्योग की कितनी हिस्सेदारी है। यदि युद्ध का भय मिट जाये तो शस्त्र-उद्योग तो ध्वस्त ही हो जाएगा। इसी तरह यदि लोग सादगीपूर्ण जीवन-शैली अपना लें तो विलासिता-उद्योग ही नहीं, विज्ञापन-उद्योग भी नष्ट हो जाएगा। लेकिन क्या उनका उद्देश्य मनुष्य को अधिकाधिक विलासी बनाकर लाभ कमाना नहीं है? क्या इसके लिए न केवल प्रकृति के प्रति बल्कि अपने ग्राहक मनुष्य की आत्मा और हाँ, स्वास्थ्य के प्रति भी

हिंसक होने से उन्हें कोई गुरेज़ है? 'विष्णु पुराण' में इसीलिए हिंसा को अधर्म अर्थात अनीति की पत्नी बताया गया है। और अन्य सब अधर्म रूपों को उनकी सन्तान कहा गया है।[14] भागवत पुराण हिंसा को लोभ और शठता की सन्तान कहता है।[15] हिंसा की इस उत्पत्ति को समझते हुए गाँधी जी युद्ध के कारणों में भी लालच को ही मुख्य मानते हैं : "जब तक युद्ध के कारणों को समझा नहीं जाएगा और उनको जड़ से नष्ट नहीं किया जाएगा तब तक युद्ध को रोकने के सारे प्रयत्न व्यर्थ सिद्ध होंगे। क्या आधुनिक युद्धों का प्रमुख कारण दुनिया की तथाकथित दुर्बल प्रजातियों के शोषण के लिए मची अमानवीय होड़ नहीं है?"[16] महात्मा गाँधी पश्चिमी यूरोप की समृद्धि का कारण भी उनके द्वारा किए गए अन्य राष्ट्रों के शोषण को मानते हैं। एक पोलिश प्रोफेसर डब्ल्यू ल्यूतों स्तोविस्की के प्रश्नों के उत्तर में 'यंग इंडिया' के 11 अगस्त, 1927 के अंक में लिखते हुए उन्होंने साफ़ शब्दों में कहा : "असमानता के झूठे और कठोर सिद्धान्त के कारण एशिया और अफ्रीका के राष्ट्रों का अहंकार-पूर्ण शोषण किया गया है। कौन कह सकता है कि आज पश्चिम में पूर्व का शोषण करने की क्षमता है, वह पश्चिम वालों की श्रेष्ठता और पूर्व वालों की हीनता का ही परिणाम है? मैं जानता हूँ कि प्राच्य संसार बड़े दीनभाव से, बिना सोचे-समझे तुरन्त इस घातक सिद्धान्त को स्वीकार कर लेता है और तब पाश्चात्य संसार की नकल करने का निष्फल प्रयास करता है।"[17] इसी लेख में इंगलैंड और फ्रांस के सुन्दर स्वयंपूर्ण छोटे नगरों और भारत की बस्तियों की तुलना की बात पर टिप्पणी करते हुए वह यह कहने में तनिक भी नहीं हिचकते कि "इंगलैंड और फ्रांस की समृद्धि तथा ऐसी समृद्धि से उत्पन्न सुख-सुविधा जिस चीज़ पर निर्भर है, यदि उसे फिर न दोहराना पड़ता तो मुझे प्रसन्नता होती, तथापि मुझे दोहराना ही पड़ेगा—वह है दूसरों का शोषण।"[18]

महात्मा गाँधी की राय में वर्तमान जीवन की अधिकांश बुराइयों की जड़ पश्चिमी या आधुनिक सभ्यता में है। युद्ध और भयंकर नरसंहार, शोषण और बहुसंख्यक प्रजा की दरिद्रता और आधुनिक जीवन-प्रणाली से उत्पन्न तनाव, असुरक्षा, स्वार्थ केन्द्रित तथा अनीतिकारक दृष्टि आदि सब बातें इस पश्चिमी

सभ्यता की ही उपज हैं। जिन बातों को इस आधुनिक सभ्यता की उपलब्धियाँ माना जाता है, उनके बारे में गाँधी जी की बेबाक सम्मति है : "मैं दूरी और समय को नष्ट करने की, पाशविक भूख को बढ़ाने की और उसकी सन्तुष्टि के लिए आकाश-पाताल के कुलाबे मिलाने की इस पागल दौड़ की हृदय से निन्दा करता हूँ। अगर आधुनिक सभ्यता यही है—मैंने तो यही समझा है—तो मैं इसे शैतानी ही कहूँगा।"[19] इसी कारण गाँधी जी की राय में वास्तविक गुलाम तो वह हिन्दुस्तान है जो इस सभ्यता की वाहक पश्चिमी शिक्षा से ग्रस्त है और फिर सारा हिन्दुस्तान उसमें (गुलामी में) घिरा हुआ नहीं है, "जिन्होंने पश्चिम की शिक्षा पाई है और जो उसके पाश में फँस गए हैं, वे ही गुलामी में घिरे हुए हैं।"[20] आधुनिक सभ्यता की गाँधी जी की आलोचना से कई बातों में सहमत होते हुए भी अधिकांश यूरोपीय इस बात पर सहमत नहीं थे कि यह 'सभ्यता' कुदरती रूप से बुरी है। डब्ल्यू. जे. वाइबर्ग ने 'हिन्द स्वराज' पढ़कर लिखा : "पाश्चात्य संस्कृति में बहुत-से दोष हैं और आपकी अनेक आलोचनाओं से मैं सहमत हूँ; परन्तु मैं यह नहीं मान सकता कि वह 'शैतान की सल्तनत' है या उस संस्कृति को मिटा देना चाहिए। मेरे विचार से मानव-जाति के विकास-क्रम में यह सभ्यता एक आवश्यक कड़ी है और इसकी अभिव्यक्ति पाश्चात्य देशों में विशेष रूप से हुई है तथा यह इन देशों के लिए उपयुक्त है। यद्यपि मैं यह स्वीकार करता हूँ कि भारत के (यूरोप के भी) सर्वोच्च आदर्श इस संस्कृति से आगे बढ़े हुए हैं; फिर भी नम्रता का पूरा ध्यान रखते हुए मेरा निवेदन है कि भारत की अधिकांश जनता को भौतिक और बौद्धिक स्फूर्ति, स्पर्धा तथा अन्य साधनों से चाबुक लगाकर जगाने की आवश्यकता है और ये बातें 'सभ्यता' से प्राप्य हैं।"[21] श्री वायबर्ग ट्रांसवाल विधानसभा के सदस्य थे। उनके इस पत्र के साथ अपने उत्तर को 'इंडियन ओपिनियन' में प्रकाशित करते हुए गाँधी जी ने भारतवासियों को जगाने के लिए उन्हें 'प्रतिस्पर्धा के कोड़े मारने तथा अन्य भौतिक और वासनात्मक तथा बौद्धिक उत्तेजना की आवश्यकता' के वायबर्ग के विचार का दृढ़ विरोध करते हुए लिखा : "मैंने आधुनिक सभ्यता की घोर निन्दा करने का साहस किया है, क्योंकि मेरी मान्यता है कि इसका प्रेरक तत्व

अनिष्टकारी है। यह सिद्ध करना सम्भव है कि इसके कुछ परिणाम अच्छे हैं। लेकिन मैंने इसकी प्रवृत्ति को आचार-नीति के पैमाने से जाँचा है। मैं आधुनिक सभ्यता के सामान्य आदर्शों और उन व्यक्तियों के आदर्शों में भेद करता हूँ जो अपने वातावरण से ऊपर उठ चुके हैं। इस प्रकार मैं ईसाइयत और आधुनिक सभ्यता के बीच भेद करता हूँ। आधुनिक सभ्यता का कार्यक्षेत्र यूरोप तक ही सीमित नहीं है। इसका विनाशक प्रभाव आज जापान में पूरी तरह प्रदर्शित हो रहा है। और अब इसके भारत पर छा जाने का ख़तरा पैदा हो गया है। इतिहास हमें सिखाता है कि जो लोग इस (आधुनिक सभ्यता) के जाल में पड़ गए हैं, उन्हें तो अपने भविष्य की राह उसी में बनानी पड़ेगी। परन्तु मेरा निवेदन यह अवश्य है कि जो लोग अब भी इसके प्रभाव के बाहर हैं और जिनके पास अपने मार्गदर्शन के लिए एक सुपरिचित सभ्यता है, उनको अपनी नींव पर खड़े रहने में सहायता दी जानी चाहिए। इसी में दूरदर्शिता है।"[22]

'पश्चिम की सभ्यता मनुष्य की आत्मा की महाशत्रु है'—प्रो. कोल ने भी 'हिन्द स्वराज' में गाँधी जी के इस कथन का विरोध किया। उन्होंने 'हिन्द स्वराज' पर केन्द्रित 'आर्यन पाथ' के अंक में लिखा : "मैं कहता हूँ कि स्पेन और एबिसीनिया के भयंकर संहार, हमारे सिर पर हमेशा-हमेशा लटकने वाला भय, सब तरह की रिद्धि-सिद्धि पैदा करने की शक्ति मौजूद होने पर भी करोड़ों की दरिद्रता, ये सब पश्चिम की सभ्यता के दूषण हैं, गम्भीर दूषण हैं। लेकिन, वे क़ुदरती नहीं हैं, सभ्यता की जड़ नहीं हैं...मैं यह नहीं कहता कि हम अपनी इस सभ्यता को सुधारेंगे; लेकिन वह सुधर ही नहीं सकती, ऐसा मैं नहीं मानता। जो चीज़ें मानव की आत्मा के लिए ज़रूरी हैं, उनके साफ़ इनकार पर उस सभ्यता की रचना हुई हैं, ऐसा मैं नहीं मानता।"[23] महादेव भाई तो यह मान लेते हैं कि गाँधी जी का मन्तव्य उन दूषणों को क़ुदरती बताना नहीं था बल्कि यही था कि वे 'उस सभ्यता की प्रवृत्तियों में रहे हुए दूषण थे।'[24] लेकिन यदि स्वयं गाँधी जी के अन्य वक्तव्यों के साथ उनके 'हिन्द स्वराज' के कथन को रखकर देखा जाए तो स्पष्ट हो जाता है कि गाँधी जी आधुनिक पश्चिमी सभ्यता को बीज रूप में ही दूषित मानते हैं। जोहानिसबर्ग में 1908 ई. में दिए गए अपने एक

व्याख्यान में वह स्पष्ट कर देते हैं कि यह आधुनिक सभ्यता दो सिद्धान्त-वाक्यों, 'जिसकी लाठी उसकी भैंस' (माइट इज राइट) और 'समर्थतम का अस्तित्व' (सर्वाइवल ऑफ दि फिटेस्ट) पर टिकी है और स्पष्टतया शक्ति और सामर्थ्य का तात्पर्य यहाँ भौतिक ताक़त से ही है, जिसमें कभी-कभी बौद्धिक ताक़त को भी जोड़ लिया जाता है। लेकिन हृदय की ताक़त, नैतिक ताक़त या आत्मबल से इसका कोई सम्बन्ध नहीं है।[25] इसलिए इस व्याख्यान में वह पश्चिमी सभ्यता को न केवल क़ुदरती तौर पर विनाशकारी और विच्छेदक बताते हैं बल्कि उसे ध्येयहीन भी कहते हैं और यह मानते हैं कि उसका वास्तविक ईसाइयत से कोई मेल नहीं है। यह सभ्यता मूलत: एक हिंसक सभ्यता है और इसलिए अन्तत: विनाश की ओर ही ले जा सकती है। दक्षिण अफ्रीका की एक महिला-मित्र को लिखे एक पत्र में भी वह अपनी इस राय को बहुत स्पष्टता से रखते हैं : "इस समय पाश्चात्य देशों को जिस परिस्थिति का सामना करना पड़ रहा है, वह अनिवार्य थी; क्योंकि पाश्चात्य सभ्यता, जो पशुबल के सिद्धान्त को आधार बनाकर खड़ी है और जो उसी को अपना मार्गदर्शक मानकर पथ चुनती है, अन्ततोगत्वा पारस्परिक विनाश की ओर ले जाने वाली वस्तु है।"[26] वायबर्ग को लिखे पत्र में भी यह बात स्पष्ट है। उल्लेखनीय है कि अपने लेख में प्रो. कोल स्वयं यह कहते हैं : "लेकिन आज कितनों को यह विश्वास है कि पश्चिमी सभ्यता बच भी सकेगी? अभी 'सर्वनाश' नहीं हुआ है; लेकिन यह ख़तरा है और स्पष्टतर होता जा रहा है कि विनाश से बचने के लिए शीघ्रातिशीघ्र इसमें अन्दर से मूलगामी रूपान्तरण करना होगा।"[27] लेकिन यही बात तो गाँधी कह रहे हैं क्योंकि 'मूलगामी रूपान्तरण' होने पर पश्चिमी या आधुनिक सभ्यता वह नहीं रह जाएगी, जिसकी आलोचना गाँधी कर रहे हैं। कोल महोदय अपने लेख में स्वयं यह मान लेते हैं : "यदि इस सभ्यता को बचाना है तो मानव-मन (या आत्मा) में भी, साथ-ही-साथ कुछ परिवर्तन अवश्य होना चाहिए। मैं सहमत हूँ कि हमारे और भारतीयों के भी लिए स्वराज वैयक्तिक के साथ-साथ एक राजनीतिक अनुभव होना आवश्यक है। उसे इस तरह आना है कि हम भय को नकारने में समर्थ हो सकें। आज हमारे भय हमें विनाश की ओर धकेल रहे हैं।

भय प्रतिभय को जन्म देता है; इसके कारण हम इस या उस तानाशाह की शरण में एकत्रित हो जाते हैं, रक्षा के लिए या आक्रमण के लिए चीखते-चिल्लाते हैं, जो भय-ग्रस्त होने का आत्मस्वीकार है। यदि भय न हो तो तानाशाहों की शक्ति एक घंटे में गल जाएगी और 'लोकतंत्र' पलक झपकते ही 'लोकतांत्रिक' हो जाएँगे। न कोई शासक होगा, न शासित: न धौंस जमाने वाले होंगे, न उनके शिकार। हम सभ्य होंगे—ख़ुद अपने मालिक और इतने मजबूत भी कि प्रकृति को जोखिम में डाले बिना अपना निर्माण कर सकें।"[28] स्पष्ट है कि प्रो. कोल सैद्धान्तिक स्तर पर गाँधी के बहुत क़रीब आ जाते हैं—एक तरह से उनके कैम्प में—यद्यपि वह यह ज़रूर मानते हैं कि यह आसान नहीं है। लेकिन गाँधी भी इसे आसान कहाँ मानते हैं। वह हमें इस आदर्श की ओर उन्मुख और प्रयासरत करना चाहते हैं। इसी लेख में कोल मानते हैं कि "हम सबको, व्यक्तिगत हैसियत में, अपने आदर्शों को राजनीतिक व्यवहार में रूपान्तरित करने की इस समस्या का सामना करना होगा। निश्चय ही, हमें दो समस्याओं से उलझना होगा। हमें, एक ओर वे रास्ते तलाश करने होंगे, जिन पर हम अपने आदर्शों की सिद्धि कर सकें और साथ ही साथ अपने आदर्शों को वैयक्तिक और राजनीतिक कर्म में रूपान्तरित करना होगा।"[29] तो यही करने का प्रयत्न तो गाँधी जीवन-भर करते रहे—चाहे वह इसमें पूर्ण सफल न भी हो पाए हों।

'हिन्द स्वराज' में वह आधुनिक सभ्यता के उपकरणों के रूप में डॉक्टरों, वकीलों और रेलों की कठोर आलोचना करते हैं, जिससे उनके कई प्रशंसक भी सहमत नहीं होते। गाँधी लिखते हैं : "भारत को रेलगाड़ियों, वकीलों और डॉक्टरों ने कंगाल बना दिया है।"[30] रेलगाड़ियों की आलोचना करते हुए वह कहते हैं कि रेल से महामारी, अकाल फैलते हैं। गाँधी, दरअसल, अपना यह मन्तव्य दादाभाई नौरोजी, गोखले और रमेशचन्द्र दत्त के आकलन के आधार पर करते हैं। इनमें नौरोजी और दत्त की किताबों का उल्लेख 'हिन्द स्वराज' के अन्तिम पृष्ठ पर दी गई पुस्तक-सूची में भी है। दादाभाई नौरोजी ने अपनी पुस्तक में इस बात का जिक्र किया है कि रेलें किस प्रकार भारत में शोषण का जरिया बनीं। रेलों द्वारा अनाज के व्यापारिक उपयोग और लाभ के लिए

दूर स्थानों पर भेजना सुगम हो गया, जिसके कारण अनाजों के दाम इतने बढ़ गए कि उन्हें खरीदना किसानों के सामर्थ्य से बाहर हो गया। नौरोजी का मानना था कि "रेलवे की जगह अगर नहरों में निवेश को प्रोत्साहन दिया जाता तो लगातार भीषण अकाल न पड़ते, जिनमें करोड़ों लोग लोमहर्षक भुखमरी से मरने के लिए अभिशप्त थे।"[31] रमेशचन्द्र दत्त ने अपने अध्ययन में आँकड़ों के आधार पर निष्कर्ष दिया कि कृषि पर आश्रित अर्थ-व्यवस्था का व्यापारीकरण, जिसमें रेलों की महत्त्वपूर्ण भूमिका थी, लगातार अकालों का प्रधान कारण था। नौरोजी और दत्त के साथ गोखले की भी स्पष्ट राय थी कि नहरों की उपेक्षा करके रेलों का निर्माण भारतीय हित में नहीं था। गोखले ने एक बयान में कहा कि "पिछले आठ सालों में हिन्दुस्तान की सरकार की बचत-राशि (सरप्लस) 35 करोड़ रुपये से कम नहीं थी। इसे पूरा-का-पूरा रेलवे पर खर्च कर दिया गया। इसके अलावा कर्ज़ लेकर भी इस मद में खर्च किया गया...क्या रेलवे ही सब कुछ है, जनता की शिक्षा कुछ नहीं है? क्या स्वास्थ्य और सफ़ाई की व्यवस्था का कोई महत्त्व नहीं है?"[32] इसी तरह संक्रामक महामारियों के फैलने में द्रुतगति से चलने वाले वाहनों की भूमिका को विश्व स्वास्थ्य संगठन की रपटों और आँकड़ों में भी स्वीकार किया गया है।[33] गाँधी जी ने जब 'हिन्द स्वराज' लिखा तब रेलें ही सर्वाधिक द्रुतगति वाला वाहन थीं।

1909 में 'हिन्द स्वराज' में गाँधी जी ने "दूरी और समय को नष्ट करने की पाशविक भूख को बढ़ाने तथा उसकी सन्तुष्टि के लिए आकाश-पाताल के कुलाबे मिलाने को 'पागल दौड़' कहते हुए उसकी भर्त्सना की थी। 2006 में सेसिल एंड्रयूज अपनी पुस्तक 'स्लो इज ब्युटिफुल' में इस पागल दौड़ के मनोवैज्ञानिक और सामाजिक परिणामों का विश्लेषण करती हुई उसमें वास्तविक परिवर्तन के लिए नई नीतियों के साथ एक नई विश्वास-प्रणाली की आवश्यकता प्रतिपादित करती है। द्रुतगति और उपभोक्तावाद के अन्तस्सम्बन्धों का आकलन करते हुए वह कहता है कि उपभोक्तावाद का तात्पर्य है कि हम अपने आन्तरिक खालीपन को भरने के लिए बाहरी वस्तुओं का सहारा लेते हैं। टी.एस. एलियट की कविता 'दि होलो मैन' याद आती है—'वी आर दि होलो मैन, वी आर

स्टफ्ड मैन'। हम अपने खालीपन को भरने के लिए अपने आन्तरिक स्रोतों, अपने मित्रों-रिश्तेदारों और अपने समाज की ओर जाने के बजाय एक वस्तु, एक निष्प्राण व्यापारिक वस्तु की ओर जाते हैं।[34] इस सभ्यता का परिणाम हैं : नियंत्रण, हमारे समय और साधनों को वशवर्ती बनाना, जीवन का व्यापारीकरण, प्रतिद्वन्द्विता और कॉरपोरेटवाद। उनका कहना है कि हम तभी सुखी रह सकते हैं, जब हम अपने को वस्तुओं से नहीं, मनुष्यों और समुदाय से रिश्ता जोड़ें। लेकिन आधुनिक सभ्यता में रिश्तों के लिए हमारे पास समय ही नहीं बचता; हम हर वक़्त एक 'पागल दौड़' में लगे रहते हैं। सेसिल एंड्रयूज भी गाँधी जी के सभ्यता-विमर्श से सहमत होते हुए जीवन को उसकी स्वाभाविक गति में जीने का आग्रह करती हैं, जैसा गाँधी भी करते हैं।

महात्मा गाँधी जब वकीलों की आलोचना करते हैं तो उनका तर्क है कि 'अंग्रेजी सत्ता की मुख्य कुंजी उसकी अदालतें हैं और अदालतों की कुंजी वकील हैं।' न्यायाधीशों को भी वकीलों का 'मौसेरा भाई' बताते हुए वह कहते हैं कि दोनों 'एक-दूसरे को शक्ति देते हैं।' दरअसल, गाँधी जी की दृष्टि में न्याय का तात्पर्य समाज में सत्य के शासन की स्थापना है और क़ानून से भी यही अपेक्षा की जा सकती है कि वह सत्य पर आधारित हो। महात्मा गाँधी का न्यायशास्त्र, दरअसल, एक सत्याग्रही न्यायशास्त्र है। वह यदि ब्रिटिश शासन और उसकी संस्थाओं का विरोध करते हैं और इसलिए अदालतों और वकीलों का भी तो इसलिए कि वह दमन पर आधारित था, जिससे असहयोग करना प्रत्येक सत्याग्रही का कर्तव्य है। वह क़ानून के स्वैच्छिक आज्ञापालन को कर्तव्य मानते हुए भी कहते हैं कि "जब क़ानून असत्य को पोषित करने लगे तो उसकी आज्ञा का उल्लंघन करना भी मेरा कर्तव्य हो जाता है।" जाहिर है इस मामले में वकील और अदालतें क़ानून का ही साथ दे सकती हैं—अर्थात् असत्य का साथ। इसीलिए असहयोग आन्दोलन में अदालतों का बहिष्कार एक प्रमुख कार्यक्रम था, जिसमें बहुत से वकीलों ने अपना व्यवसाय छोड़ दिया—सामान्य जनता से भी अदालतों में जाने के बजाय अपने आपसी विवाद पंचायतों या मध्यस्थों के द्वारा सुलझाने का आग्रह किया गया। इसीलिए वह तो यहाँ तक कह देते हैं

कि 'प्रतिपक्षी को न्याय देकर हम जल्दी न्याय पा सकते हैं।' अपने वकालत के दिनों में स्वयं उन्होंने यही तरीका अपनाया था।[35]

डॉक्टरों को लेकर गाँधी जी की जो राय थी, वह दिनोदिन सही सिद्ध होती जा रही है। आधुनिक चिकित्सा पद्धति एक उद्योग का रूप ले चुकी है और डॉक्टर पूर्णतया व्यावसायिक हो गए हैं। मेडिकल कॉलेजों में प्रवेश के लिए और फीसों के रूप में जो धन व्यय होता है, उसे पुन: अर्जित करने के लिए भी चिकित्सक का एक कुशल व्यवसायी होना आवश्यक है और जाहिर है कि उस तरह लिए जाने वाले प्रवेश के पीछे भी वास्तविक प्रेरणा बीमारों के कल्याण की नहीं बल्कि धन कमाने की रहती है।

महात्मा गाँधी के अनुसार आधुनिक चिकित्सा-विज्ञान भी मानता है कि "निन्यानवे प्रतिशत बीमारियाँ गंदगी, ग़लत भोजन और अपोषण के कारण होती हैं।" इसलिए यदि "स्वच्छता के निजी, घरेलू और सार्वजनिक नियमों का कठोरता से पालन किया जाता है और आहार तथा व्यायाम के सम्बन्ध में उचित सावधानी बरती जाती है, तो वहाँ हारी-बीमारी का कोई भय नहीं होना चाहिए। जहाँ पूर्ण आन्तरिक और बाह्य शुचिता है, वहाँ बीमारी पास नहीं फटक सकती। अगर गाँव के लोग इस बात को समझ जाएँ तो उन्हें डॉक्टरों, हकीमों या वैद्यों की ज़रूरत नहीं पड़ेगी।" प्राकृतिक चिकित्सा और देसी चिकित्सा पद्धतियों के लिए उनके आग्रह के पीछे मुख्य कारण यही है कि ये चिकित्सा-पद्धतियाँ संयमित जीवन का आग्रह करती हैं तथा प्रकृति के नियमों के अनुसार जीवनयापन की सलाह देती हैं। सही एवं सन्तुलित आहार और श्रम को गाँधी जी बीमारी से दूर रहने का सही उपाय मानते हैं। इसीलिए वह लिखते हैं कि "सही एवं सन्तुलित आहार आवश्यक है। आज हमारे गाँव हमारी ही तरह दिवालिया हो गए हैं। गाँवों में पर्याप्त सब्जियों, फल और दूध का उत्पादन प्राकृतिक चिकित्सा-प्रणाली का आवश्यक अंग है। इस पर खर्च होने वाले समय को अपव्यय नहीं समझना चाहिए।"

गाँधी जी के चिकित्सा एवं स्वास्थ्य सम्बन्धी विचारों की पुष्टि ईवान इलिच जैसे आधुनिक अध्येता भी करते हैं। अपनी पुस्तक 'मेडिकल नेमेसिस : लिमिट्स

टू मेडिसिन' में वह गहन विश्लेषण के निष्कर्ष-स्वरूप यही प्रतिपादित करते हैं कि यदि लोगों को पीने का स्वच्छ पानी, स्वच्छ वातावरण तथा पोषक आहार उपलब्ध हो तो अधिकांश लोग बीमार ही नहीं पड़ेंगे। वह एक और बात की ओर भी इशारा करते हैं कि आधुनिक चिकित्सा के कारण मनुष्य साधारण दर्द सहन करने से भी भागने लगा है। यह क्षमता तो सहज और प्राकृतिक रूप से मनुष्य में होती ही है। लेकिन बिना सहन किए उसके तात्कालिक समाधान के उपलब्ध होने की वजह से उसके जीवन के प्रति दृष्टिकोण में भी परिवर्तन हो जाता है—वह श्रम से भी कतराने लगता है। महात्मा गाँधी के प्राकृतिक चिकित्सा के आग्रह के पीछे भी जीवन का सही दृष्टिकोण है। वह कहते हैं : "प्राकृतिक चिकित्सा से स्वयं जीवन के प्रति मनुष्य के दृष्टिकोण में लाभकारी परिवर्तन आता है। वह मनुष्य को इस बात के लिए प्रेरित करती है कि वह अपने जीवन में स्वास्थ्य के नियमों का पालन करे। यह अस्पताल में जाकर मुफ़्त में या पैसे देकर दवा लाने जैसी चीज़ नहीं है। जो व्यक्ति अस्पताल से मुफ़्त इलाज कराता है, वह दान लेता है। जो व्यक्ति प्राकृतिक चिकित्सा का आश्रय लेता है, वह कभी दान नहीं माँगता। स्वावलम्बन से आत्मसम्मान में वृद्धि होती है।"

स्वावलम्बन और आत्मसम्मान, जो बिना नैतिक गुणों के विकास के सम्भव नहीं है, महात्मा गाँधी के सभ्यता-विमर्श में अत्यन्त महत्त्व रखते हैं। उनकी दृष्टि में सभ्यता का अर्थ सुविधाओं और विलासिता में वृद्धि या कथित 'स्टैंडर्ड ऑफ लाइफ' सभ्यता के लक्षण नहीं हैं। सभ्यता का सम्बन्ध गाँधी-दृष्टि में, नैतिक गुणों का विकास है। भौतिक विकास के बावजूद नैतिक गुणों का ह्रास हो सकता है—बल्कि अकसर तो ऐसा ही होता है। प्रसिद्ध इतिहासकार टायनवी ने विश्व-सभ्यताओं के विकास और विनाश के अध्ययन से यह निष्कर्ष दिया है कि "तकनीकी उन्नति और सभ्यता की प्रगति का सह-सम्बन्ध नहीं रहा है। यह बात उन सब उदाहरणों से स्पष्ट है जहाँ तकनीक की तो उन्नति हो गई, किन्तु सभ्यता स्थिर रही या पुरोगामी हो गई। यही बात उन अवस्थाओं में भी हुई जहाँ तकनीक तो स्थिर रही और सभ्यता या तो विकसित होती रही

या पीछे जाती रही।"[36] तात्पर्य यह कि आधुनिक सभ्यता के तकनीकी विकास को सभ्यता के विकास का लक्षण नहीं माना जा सकता। टायनबी कहते हैं कि सभी अविकसित सभ्यताओं ने उच्च तकनीकी उन्नति की है। इसकी पुष्टि में वह अपने ग्रन्थ में पर्याप्त उदाहरण भी देते हैं।

तात्पर्य यह कि सभ्यता किसी व्यक्ति या समाज के मानसिक और नैतिक विकास का नाम है। इसीलिए टायनबी का निष्कर्ष है कि "चाहे जो भी हो, इसमें सन्देह नहीं कि हमारे समाज के सामने जो चुनौती उपस्थित है, वह नैतिक है, भौतिक नहीं।"[37] इसीलिए वह कहते हैं : "सभ्यता की ज्यों-ज्यों उन्नति होती है बाहरी चुनौती से कम लड़ना पड़ता है और आन्तरिक चुनौती से अधिक संग्राम करना पड़ता है।"[38] उनकी धारणा है कि "आज उद्योगवाद की चुनौती तकनीकी क्षेत्र से नहीं, नैतिक क्षेत्र से आ रही है। इसका परिणाम अज्ञात है क्योंकि नई परिस्थिति के प्रति हमारी प्रतिक्रिया क्या होगी, अभी निश्चित नहीं है।"[39]

गाँधी इसी चुनौती को महसूस करते और उसका विश्लेषण करते हुए सभ्यता की अवधारणा में परिवर्तन करते हुए उसके विकास की दिशा और कसौटी यांत्रिक उन्नति या भौतिक ताक़त के बजाय आत्मिक गुणों और आत्मबल के विकास में मानते हैं, जिसकी प्रक्रिया अहिंसा के रास्ते होकर गुजरती है। कह सकते हैं कि गाँधी की सभ्यता की अवधारणा हिंसक सभ्यता के प्रति अवधारणात्मक विद्रोह का रूप ले लेती है, और उसकी प्रक्रिया को विकसित करना ही उनकी जीवन-गाथा है। डॉ. राधाकृष्णन् याद आते हैं : "अब उन्नति को भौतिक या तकनीकी प्रगति की दृष्टि से नहीं नापा जा सकता, अपितु मन और आत्मा के जगत में सृजनात्मक परिवर्तनों की दृष्टि से आँका जाना चाहिए। आध्यात्मिक मूल्यों के प्रति आदर, सत्य और सौन्दर्य के प्रति प्रेम, धर्मपरायणता, न्याय और दया, पीड़ितों के साथ सहानुभूति और मनुष्य-मात्र के भ्रातृत्व में विश्वास, ये वे गुण हैं जो आधुनिक सभ्यता को बचा सकते हैं।"[40] गाँधी इन्हीं अर्थों में आधुनिक हैं, जो परिस्थिति की चुनौती को समझते और उसका साभ्यतिक समाधान प्रस्तुत करते हैं।

सन्दर्भ

1. डॉ. देवराज, नन्दकिशोर; संस्कृति का दार्शनिक विवेचन, पृ. 142; प्रकाशन ब्यूरो, सूचना विभाग, उत्तर प्रदेश, लखनऊ; 1957
2. वही
3. हिन्द स्वराज : मूल पाठ और कुछ ऐतिहासिक टिप्पणियाँ, पृ. 178; राष्ट्रीय गाँधी संग्रहालय, नई दिल्ली; 2010
4. यंग इंडिया, 12 मई, 1920, पृ. 2
5. वही, 6 अगस्त, 1931, पृ. 206
6. हरिजन, 29 अगस्त, 1936, पृ. 226
7. उद्धृत, आचार्य, नन्दकिशोर; सभ्यता का विकल्प, पृ. 20; वाग्देवी प्रकाशन, बीकानेर; 2012
8. यंग इंडिया, 31 दिसम्बर, 1931, पृ. 427-28
9. हरिजन, 12 नवम्बर, 1938, पृ. 326
10. हिन्द स्वराज, वही, पृ. 157
11. वही, पृ. 158-59
12. वही, पृ. 162
13. वही, पृ. 57
14. विष्णु पुराण, प्रथम भाग, अध्याय सात
15. भागवत पुराण, चतुर्थ स्कन्ध, अध्याय आठ
16. यंग इंडिया, 9 मई, 1929, पृ. 148
17. हिन्द स्वराज, वही, पृ. 93
18. वही, पृ. 95
19. यंग इंडिया, 17 मार्च, 1927, पृ. 85
20. हिन्द स्वराज, वही, पृ. 181
21. वही, पृ. 224
22. वही, पृ. 25
23. वही, पृ. 263
24. वही, पृ. 247
25. कलैक्टेड वर्क्स ऑफ महात्मा गाँधी, खंड-8, पृ. 243
26. हिन्द स्वराज, वही, पृ. 48
27. वही, पृ. 262
28. वही, पृ. 263-64
29. वही, पृ. 264
30. वही, पृ. 165

31. बरनवाल, वीरेन्द्र कुमार; हिन्द स्वराज : नव सभ्यता-विमर्श, पृ. 75; राजकमल प्रकाशन प्रा. लि., नई दिल्ली; 2011
32. उद्धृत, वही, पृ. 76
33. वही, पृ. 77
34. एंड्रयूज, सेसिल; स्लो इज ब्युटिफुल, पृ. 56; न्यू सोसाइटी पब्लिशर्स, कनाडा; 2007
35. आचार्य, नन्दकिशोर; सभ्यता का विकल्प, पृ. 106-108; वाग्देवी प्रकाशन, बीकानेर; 2012
36. टायनबी, आरनाल्ड जे; इतिहास : एक अध्ययन (डी.सी. सोमरवेल द्वारा संक्षेप), पृ. 163, हिन्दी समिति, सूचना विभाग, लखनऊ; 1966
37. वही, पृ. 173
38. वही, पृ. 175
39. वही, पृ. 174
40. डॉ. राधाकृष्णन्, एस; धर्म और समाज, पृ. 15-16; राजपाल एंड सन्ज, दिल्ली; 1963

हिंसक आर्थिकी का प्रतिरोध

"सच्चा अर्थशास्त्र कभी उच्चतम नैतिक मानकों का विरोधी नहीं होता, ठीक उसी प्रकार जैसे कि सच्चा नीतिशास्त्र वही माना जा सकता है जो नीतिशास्त्र होने के साथ-साथ अच्छा अर्थशास्त्र भी हो। वह अर्थशास्त्र झूठा और निराशाजनक है जो कुबेर की पूजा को प्रश्रय देता हो और शक्तिशाली लोगों को दुर्बल लोगों की क़ीमत पर धन का संचय करने में मदद करता है। वह तो मौत का पैग़ाम है। इसके विपरीत, सच्चा अर्थशास्त्र सामाजिक न्याय सुनिश्चित करता है, दुर्बलतम व्यक्तियों सहित सबकी भलाई को बढ़ावा देता है और ढंग की ज़िन्दगी जीने के लिए अपरिहार्य होता है।"[1]

सभ्यता को मूलत: एक नैतिक प्रक्रिया मानने के कारण यह स्वाभाविक ही है कि महात्मा गाँधी जीवन के सभी पहलुओं और कार्य-व्यापारों की प्रेरणा और कसौटी में नैतिक बोध को केन्द्रीय महत्त्व दें। आधुनिक अर्थशास्त्र मनुष्य को मूलत: उपभोक्ता प्राणी मानकर चलता है और इसलिए यह आश्चर्यजनक नहीं लगता कि इस धारणा पर आधारित अर्थव्यवस्था से उपजने वाली सभ्यता में अच्छे जीवन-स्तर का मतलब उपभोक्ता-सुविधाओं में उत्तरोत्तर वृद्धि है। लेकिन महात्मा गाँधी के लिए "सभ्यता, वास्तविक अर्थों में, आवश्यकताओं के बहुलीकरण में निहित नहीं है, बल्कि उनमें सोच-समझकर स्वैच्छिक रूप से

कमी करने में है।"[2] गाँधी जी की दृष्टि में मनुष्य मूलत: उपभोक्ता नहीं बल्कि एक नैतिक अस्तित्व है। यह सही है कि जीवन जीने के लिए कुछ साधनों की आवश्यकता होती है। इस अर्थ में वह उपभोक्ता भी है। लेकिन गाँधी जी के अनुसार, उपभोग में भी उसे नैतिक मूल्यों का निर्वहन करना चाहिए। उसका उपभोग भी, अन्ततः, उसके नैतिक विकास की प्रक्रिया का ही अंगभूत होना चाहिए। इसीलिए, गाँधी जी उपभोक्ता को भी सत्याग्रही बनने का आमंत्रण देते हुए कहते हैं कि शोषित श्रम द्वारा तैयार की गई वस्तुओं को खरीदना और उनका इस्तेमाल करना पापयुक्त है। शोषित श्रम से उत्पादित वस्तुओं का बहिष्कार भी शोषण के ख़िलाफ़ एक प्रकार का सत्याग्रह है। इसी तरह जब वह उपभोक्ता को आवश्यकताओं के बहुलीकरण के प्रति जागरूक करते हैं तो वह, एक ओर, उपभोक्ता को नैतिक विकास की ओर प्रेरित करते हैं क्योंकि यदि मनुष्य एक नैतिक प्राणी है तो अनावश्यक उपभोग से बचना उसके लिए ज़रूरी है, तो दूसरी ओर, अनावश्यक उपभोग के लिए अनावश्यक उत्पादन के कारण हो रही प्राकृतिक संसाधनों की हिंसक बर्बादी को भी नियंत्रित करने की कोशिश करते हैं। उत्पादन में अनावश्यक वृद्धि ही आर्थिक संस्थाओं और राष्ट्रों के बीच आर्थिक होड़ और उससे प्रेरित कूटनीतिक और सैनिक कार्रवाइयों को जन्म देती है।

आधुनिक अर्थशास्त्र उपभोग-वृद्धि को एक जीवन-मूल्य के रूप में स्थापित करता है, अर्थात् उपभोग ही सभ्यता का प्रमाण हो जाता है और अधिकाधिक सभ्य होने के लिए यह ज़रूरी हो जाता है कि हम अपनी आवश्यकता बढ़ाते चलें। अर्थशास्त्र को माँग और आपूर्ति का शास्त्र माना जाता है, लेकिन 'विकास' के लिए ज़रूरी हो जाता है कि कृत्रिम माँगों की सृष्टि की जाए, क्योंकि उसके बिना आर्थिक विकास की प्रक्रिया के रुक जाने का ख़तरा पैदा हो जाता है, जिसका तात्पर्य है सम्पूर्ण आधुनिक अर्थव्यवस्था का ढह जाना। 'माँग' और 'आपूर्ति' के सिद्धान्तकार अल्फ्रेड मार्शल को भी यह मानना पड़ा था कि 'आर्थिक संगठन का उद्देश्य ज़रूरतों की पूर्ति करना ही नहीं, नई ज़रूरतों की सृष्टि करना भी है।' मार्शल के ही शब्दों में, "यद्यपि अपने

विकास के प्रारम्भिक चरण में मनुष्य की ज़रूरतें ही उसे क्रियाशील करती हैं, किन्तु अनन्तर हर नया क़दम नई ज़रूरतों के लिए नई क्रियाशीलता के बजाय ऐसी क्रियाशीलता के रूप में सामने आता है जो नई ज़रूरतों को पैदा करती है।" इसी प्रक्रिया ने सामाजिक-राजनैतिक हिंसा तो पैदा की ही, साथ ही पारिस्थितिकी और पर्यावरण की समस्याएँ भी उसी का परिणाम है। दुनियाभर के अर्थशास्त्री, समाजशास्त्री और नीति-नियन्ता आज जिन दो समस्याओं को लेकर सर्वाधिक चिन्तित हैं क्योंकि उनका कोई स्थायी समाधान उन्हें नहीं सूझ रहा है, वे हैं : रोजगारविहीन विकास तथा पारिस्थितिकीय असन्तुलन। ज़ाहिर है कि इन समस्याओं का कोई स्थायी समाधान तब तक सम्भव नहीं है, जब तक हम उन कारणों को मिटाने का संकल्प नहीं करते, जिन्होंने ये समस्याएँ पैदा की हैं। शुमाकर जैसे विकल्प खोजने वाले अर्थशास्त्री यह मानते हैं कि हम अपनी मूल पूँजी—प्राकृतिक संसाधनों—को ही मुनाफ़ा समझकर खाते जा रहे हैं और उसका कारण यह है कि वास्तविकता से विमुख होकर हम उन सभी चीज़ों को मूल्यहीन मानने लगे हैं, जिन्हें हमने स्वयं नहीं बनाया है।"[3] वह भी गाँधी जी की तरह यह मानते हैं कि इसका मूल कारण जीवन के प्रति हमारी दृष्टि में है। वह कहते हैं : "हम, दरअसल, एक तत्वमीमांसीय रोग के शिकार हैं, इसलिए इसका इलाज भी तत्वमीमांसीय ही होना चाहिए।"[4]

महात्मा गाँधी का अर्थशास्त्रीय चिन्तन इस तत्वमीमांसीय रोग का निदान करते हुए आर्थिक क्रियाशीलताओं को भी अहिंसा-तत्त्व पर विकसित करना चाहता है। गाँधी जी के चिन्तन के केन्द्र में वह मनुष्य है, जिसका भौतिक कल्याण उसके नैतिक कल्याण से विलग नहीं है। इसीलिए वह कहते हैं : "मैं अर्थशास्त्र और नीतिशास्त्र के बीच कोई सुस्पष्ट या अन्य प्रकार का भेद नहीं करता। वह अर्थशास्त्र अनैतिक और इसीलिए पापयुक्त है जो किसी व्यक्ति अथवा राष्ट्र के नैतिक कल्याण को आघात पहुँचाता है। तदनुसार वह अर्थशास्त्र पापयुक्त है जो यह अनुमति देता है कि एक देश दूसरे देश को लूट ले। शोषित श्रम द्वारा तैयार की गई वस्तुओं को खरीदना और उनका इस्तेमाल करना पापयुक्त है।"[5] एक अन्य स्थल पर वह और भी स्पष्ट कहते हैं : "मैं

यह नहीं मानता कि आध्यात्मिक नियम के प्रवर्तन का अपना कोई विशिष्ट क्षेत्र है। इसके विपरीत वह जीवन के दैनन्दिन क्रियाकलाप के माध्यम से ही स्वयं को अभिव्यक्त करता है। इस प्रकार, यह आर्थिक, सामाजिक और राजनीतिक सभी क्षेत्रों को प्रभावित करता है।"[6]

महात्मा गाँधी की तत्वमीमांसा यह मानती है कि यह अस्तित्व एक है, जिसका मानवीय प्रतिफलन प्रेम या अहिंसा है। इसका तात्पर्य होता है कि मानव के विकास का निहितार्थ उसमें निरन्तर अहिंसा का विकास होगा और तब सारे मानवीय कार्य-व्यापारों का एक अन्तर्निहित उद्‌देश्य उनके माध्यम से अहिंसा या प्रेम का विकास होगा। "अहिंसा, वस्तुत: एक सकारात्मक धारणा है और उसका उत्स पूरे जीवन के प्रति तात्विक ऐक्य के बोध से उत्पन्न भावात्मक आकर्षण, करुणा और लगाव की भावना में है और इसीलिए उसका क्षेत्र केवल मानसिक-आध्यात्मिक ही नहीं है, वह पूरे भौतिक जीवन को भी अपनी परिधि में ले लेती है। इस दृष्टि से आर्थिक जीवन और प्रक्रिया को भी अहिंसा की परिधि के अन्तर्गत ही समझना चाहिए।"[7] महात्मा गाँधी यह मानते हैं कि जो वस्तु अधिकांश लोगों को उपलब्ध नहीं है, उसका उपभोग करने से इनकार कर देना चाहिए। वह जब कहते हैं कि अपनी ज़रूरत से अधिक संग्रह करना एक प्रकार की चोरी है क्योंकि वह किसी अन्य को उस वस्तु से वंचित रखना है तो वह प्रूधों के इस कथन की याद दिलाते हैं कि 'सारी सम्पत्ति चोरी है।' इसीलिए सम्पत्ति के निजी संचय को वह स्वयं अमीरों के नैतिक पतन का लक्षण मानते हैं, क्योंकि वह "हिंसक तरीकों को अपनाए बिना सम्भव नहीं है...। किसी भी व्यक्ति को समाज के अन्य सदस्यों की सहायता या सहयोग से भौतिक अथवा आध्यात्मिक पूँजी का संचय करके उसे अपने निजी लाभ के लिए इस्तेमाल करने का नैतिक अधिकार नहीं है।"[8] स्पष्ट है कि निजी लाभ और उपभोग के लिए पूँजी संचय करने वालों को गाँधी जी अनिवार्यत: अनैतिकता या पाप में लिप्त समझते हैं और गाँधी जी के शब्दकोश में 'पाप' या 'अधर्म' से कठोर और कोई शब्द नहीं हो सकता। इसी तरह दूसरी ओर अमीरों के शोषण से उत्पन्न गरीबी को ही वह ग़रीबों के नैतिक पतन के लिए भी जिम्मेदार मानते

हैं। उन्हीं के शब्दों में, "ग़रीबी में पिसते रहने पर भी कोई नैतिक अध:पतन से बच सकता है, ऐसा किसी ने कभी नहीं कहा।"[9] वह स्वैच्छिक त्याग को तो महत्त्व देते हैं, ग़रीबी के जीवन को नहीं, क्योंकि ग़रीबी विवशता होने के कारण अभिशाप है, जबकि स्वैच्छिक त्याग नैतिक विकास की प्रक्रिया है। ग़रीबी दूर करने के लिए उनके मन में कितनी छटपटाहट है, इसे केवल इस बात से जाना जा सकता है कि आध्यात्मिकता को जीवन की सार्थकता की कसौटी मानने वाले महात्मा गाँधी यहाँ तक कह देते हैं कि "दरिद्रों के लिए आर्थिक ही आध्यात्मिक है" तथा ग़रीबों के लिए "ईश्वर रोटी और मक्खन के रूप में ही प्रकट हो सकता है।"[10] स्पष्ट है कि शोषण और ग़रीबी को मिटाने के लिए प्रयास करना भी गाँधी जी के लिए एक आध्यात्मिक प्रकृति का कार्य है, क्योंकि वह जानते हैं कि आर्थिक समानता के बिना अहिंसक स्वाधीनता भी सम्भव नहीं है।[11] आर्थिक समानता को 'अहिंसक स्वाधीनता की सर्वकुंजी (मास्टर-की)' मानने के कारण महात्मा गाँधी का अर्थशास्त्रीय चिन्तन पूँजीवादी सभ्यता के ख़िलाफ़ एक वैचारिक विद्रोह का ही रूप है। इसलिए वह केवल वैयक्तिक स्तर सम्पत्ति-निर्माण का विरोध ही नहीं करते, बल्कि साथ ही पूरी आर्थिक प्रक्रिया में ऐसे मूलगामी संरचनात्मक परिवर्तन का प्रस्ताव करते हैं, जिसमें परिग्रह या सम्पत्ति के केन्द्रीकरण की सम्भावना ही न रहे और सभी का भौतिक ही नहीं, नैतिक कल्याण भी हो सके।[12]

आर्थिक प्रक्रिया के अध्ययन में मोटे तौर पर तीन बातों पर ध्यान देना ज़रूरी है : उत्पादन का उद्देश्य, उत्पादन की पद्धति और लाभ का वितरण। एडम स्मिथ जैसे अर्थशास्त्रियों की धारणा थी कि उत्पादन में निरन्तर वृद्धि में ही सभी आर्थिक समस्याओं का समाधान निहित है। आर्थिक स्वतंत्रता वैयक्तिक स्वतंत्रता की धारणा का आर्थिक आयाम है, इसलिए उसमें राज्य या किसी बाहरी शक्ति का हस्तक्षेप अनुचित होगा। जॉन लॉक जैसे विचारक की मान्यता थी कि सम्पत्ति का अधिकार स्वतंत्रता की रक्षा के लिए आवश्यक है। पूँजीवादी अर्थशास्त्र मानता है कि आदर्श बाज़ार वह है जिसमें ग्राहक और उत्पादक दोनों पक्षों को मोलतोल करने की पूरी स्वतंत्रता और शक्ति हो और ऐसा केवल

मुक्त बाज़ार की अर्थव्यवस्था में ही सम्भव है। इन्हीं तर्कों के आधार पर एडम स्मिथ ने मुक्त बाज़ार की अवधारणा का प्रतिपादन किया। उनकी मान्यता थी कि उत्पादन में बढ़ोतरी के साथ रोजगार की सम्भावनाएँ बढ़ती जाएँगी और यदि राज्य आर्थिक प्रक्रिया में कोई हस्तक्षेप न करे तो एक 'अदृश्य हाथ' उत्पादन में विकास के लाभ को समाज के निम्नतम स्तर तक पहुँचा देगा। आजकल जिस उदारीकरण और भूमंडलीकरण की नीतियों का बोलबाला है, उसका अर्थशास्त्रीय-तात्विक आधार एडम स्मिथ ने ही अपनी किताब 'वेल्थ ऑफ नेशन्स' में प्रस्तुत किया था। भूमंडलीकरण के समर्थकों का तर्क भी यही कहना है कि यदि कोई देश अपने यहाँ के उत्पादक बाज़ार को कुछ सब्सिडी देता या दूसरों की अपेक्षा अधिक सुविधाएँ उपलब्ध करवाता है तो यह स्वस्थ प्रतिस्पर्धा को दबाना है, जिसका ख़मियाज़ा अन्ततः उपभोक्ता अर्थात् समाज को उठाना पड़ता है। इसलिए अन्तर्राष्ट्रीय स्तर पर भी मुक्त बाज़ार नैतिक और आर्थिक दोनों कसौटियों पर खरा उतरता है। यह मानवीय स्वातंत्र्य को आर्थिक क्रियाशीलता में प्रतिष्ठित करता और समाज की आवश्यकताएँ कम क़ीमतों में पूरी करने की गारंटी करता है।

लेकिन एडम स्मिथ के तर्क के आधार पर जिस मुक्त बाज़ार का विकास हुआ, उसने स्वयं उसके निष्कर्षों को ही ग़लत साबित कर दिया। उत्पादन में वृद्धि के उद्देश्य से तकनीकी के विकास में मानव-श्रम की भूमिका के कमज़ोर होते चले जाने से रोज़गार की सम्भावनाएँ कमज़ोर होती चली गई हैं और अर्थशास्त्रियों की राय में हम अब रोज़गारविहीन विकास—जॉबलेस ग्रोथ—की स्थिति में आ रहे हैं अर्थात् विकास का तात्पर्य उत्पादन-वृद्धि तो है, पर उसके साथ रोजग़ार के अवसरों की उपलब्धि घट रही है। यह स्थिति वास्तव में विकास की वर्तमान प्रक्रिया की विफलता का नहीं, बल्कि उसकी सफलता का अनिवार्य परिणाम है। उत्पादन में वृद्धि विकास का लक्षण है और उसकी दर को निरन्तर बढ़ाते जाने के लिए नित नए तकनीकी परिवर्तनों की ज़रूरत पड़ती है। इसे अर्थशास्त्र की भाषा में 'हाई रेट ऑफ डवलपमेंट—एचआरडी—कहा जाता है और इसे हासिल करने के लिए तकनीकी रूपान्तरण—टेक्नोलॉजिकल

ट्रांसफोरमेशन—अनिवार्य है, जिसका तात्पर्य है ऐसी तकनीकी को अपनाना जिसमें कम-से-कम मानवीय श्रम और सामाजिक समय के निवेश के माध्यम से अधिक-से-अधिक उत्पादन। अतः, रोज़गार के अवसरों में कमी इसका स्वाभाविक परिणाम है, जिसका तात्पर्य है समाज की क्रयशक्ति में कमी और ज़ाहिर है क्रयशक्ति के अभाव में कोई उत्पादन-वृद्धि टिकाऊ नहीं हो सकती। वह मन्दी का शिकार होती रहेगी। यदि हम इस बात को भूल भी जाएँ—यद्यपि वह भूल जाने की बात नहीं है—कि उत्पादन में इस अन्धाधुन्ध वृद्धि ने—मार्शल के अनुकरण में—कितनी कृत्रिम माँगों को जन्म दिया, पर्यावरण और पारिस्थितिकी की कितनी हानि की और आर्थिक प्रतिस्पर्धा के चलते सैनिकवाद के विकास ने दो महायुद्धों और जाने कितने छोटे-छोटे युद्धों को जन्म दिया तथा बाज़ार को भयंकर संहारक शस्त्रों से भर दिया है, तो भी केवल शुद्ध आर्थिक दृष्टि से इसने स्वयं ही एडम स्मिथ की मान्यताओं को झुठला दिया है। एडम स्मिथ ने जब मुक्त बाज़ार और स्वस्थ प्रतिस्पर्धा की बात की थी तो इस ख़तरे से भी सचेत किया था कि आर्थिक शक्ति का केन्द्रीकरण बाज़ार को भी वास्तविक अर्थों में स्वतंत्र नहीं रहने देगा। विडम्बना यह है कि राज्य के हस्तक्षेप के बिना आर्थिक केन्द्रीकरण को रोक पाना भी मुमकिन नहीं। एडम स्मिथ स्वयं बाज़ार से ऐसे बड़े प्रतिद्वन्द्वियों को बाहर ही रखना चाहते थे जो एकाधिकारवादी हो सकें। उदारीकृत भूमंडलीकरण में बाज़ार वास्तविक अर्थ में मुक्त होने के बजाय एकाधिकारवादी प्रवृत्तियों में घुटता जा रहा है। बहुराष्ट्रीय कम्पनियों के आपसी समझौते बाज़ार को वास्तविक अर्थ में प्रतिस्पर्धात्मक नहीं रहने दे रहे हैं। भूमंडलीकरण के इस रूप को निगमात्मक भूमंडलीकरण—कॉरपोरेट ग्लोबलाइजेशन—कहा जा रहा है। डेविड कोरटेन ने अपने अध्ययन 'वेन कॉरपोरेशन्स रूल दि वर्ल्ड' में भलीभाँति सिद्ध किया है कि बाहर से अलग दिखने वाली बहुराष्ट्रीय कम्पनियों और राष्ट्रीय कम्पनियों के आपसी सम्बन्ध जुड़कर इस प्रकार घनिष्ठ हो चले हैं कि अब उन्हें वास्तविक अर्थ में प्रतिस्पर्धा कहना संगत नहीं होगा। अपने तर्क की पुष्टि में कोरटेन कृषि-बाज़ार का दो वैश्विक कम्पनियों—कारगिल और आर्चर डेनिएस मिडलैंड—की संयुक्त उद्यमिता का

उदाहरण देते हैं, जिसका परिणाम यह हुआ है कि पहले खाने पर खर्च होने वाले प्रत्येक डॉलर का इकतालीस प्रतिशत जिस किसान को मिलता था, अब उसे केवल नौ प्रतिशत मिल पा रहा है, जबकि उपभोक्ता को पहले से अधिक चुकाना पड़ रहा है। प्रसिद्ध व्यापार-प्रबन्धक साइरस फ्रीडहीम का निष्कर्ष है कि कुछ ही अरसे में विश्व-अर्थव्यवस्था का नियंत्रण जिस प्रवृत्ति से संचालित होगा, उसे 'संयुक्त उद्यमिता'—रिलेशनशिप एंटरप्राइज़—कहा जाना चाहिए। इस प्रकार के एकाधिकारवाद को राजसत्ता द्वारा भी नियंत्रित नहीं किया जा सकेगा क्योंकि स्वयं राज्य की शक्ति इससे कम होगी। क्या कुछ वैसे ही जैसे भारत के देशी राज्यों की शक्ति ब्रिटिश ईस्ट इंडिया कम्पनी से कम हो गई थी?

डेविड कोरटेन का कहना है कि आज की कॉरपोरेट व्यवस्था एक आयोजित प्रतिस्पर्धा का स्वाँग रचती है। एक ओर वे परस्पर जुड़ी रहती हैं और दूसरी ओर परिधि पर रहने वाली छोटी कम्पनियों के बीच प्रतिस्पर्धा को बढ़ावा देती रहती हैं और इसका परिणाम होता है कि लागत का बड़ा हिस्सा छोटी कम्पनियों को उठाना पड़ता है और लाभ का बड़ा हिस्सा कॉरपोरेट जगत को मिलता है। इसका एक और उप-परिणाम यह होता है कि छोटी कम्पनियाँ या तो इस कॉरपोरेट भूमंडलीकरण में घुला ली जाती हैं या उसकी एजेंट हो जाती हैं। इस अर्थव्यवस्था ने आर्थिक स्वातंत्र्य के तर्क के आवरण में पूँजी का केन्द्रीकरण तो बढ़ाया, पर अदृश्य हाथ उसे उचित तरह से निम्नतम स्तर तक नहीं पहुँचा पाया—बल्कि पूँजी की प्रतिद्वन्द्विता ने न केवल युद्धों को जन्म दिया बल्कि साथ ही, विकास अर्थात् उत्पादन-वृद्धि की अन्धाधुन्ध दौड़ में पृथ्वी को ही ज़हरीला बना दिया—न ख़ुदा ही मिला, न विसाले सनम।

पूँजी के इस खेल को कार्ल मार्क्स और उनके मित्र फ्रेडरिक एंगेल्स ने बहुत अच्छी तरह समझते हुए एक विकल्प की ओर ध्यान आकर्षित किया। मार्क्स की शायद सर्वाधिक अन्तर्दृष्टिपूर्ण मान्यता यह है कि सामाजिक अधिरचना का आधार उत्पादन-सम्बन्ध होते हैं जो उत्पादन के साधनों अर्थात् तकनीकी में परिवर्तन के साथ बदलते हुए नई अधिरचना का आधार बनते हैं। मार्क्स की यह धारणा इतिहासकारों के उस वर्ग से मिलती है जो मानव-जाति के विकास का

अध्ययन तकनीकी विकास की दृष्टि से करता है। इन इतिहासविदों की मान्यता है कि एक नई तकनीकी का आविष्कार मनुष्य के लिए परिवर्तन की नई सम्भावनाएँ प्रकट करता है और न केवल उसकी उत्पादन-पद्धति और अर्थव्यवस्था उससे बदल जाती है, बल्कि उसका असर समूची सामाजिक संरचना और संस्कृति पर पड़ता है। मानव-जाति के तकनीकी आविष्कारों के इतिहास का अध्ययन करते हुए इतिहासविद् हेरोल्ड इन्निस ने इस बात को पहचाना था कि प्रत्येक नया तकनीकी साधन कुछ ही दिनों में साधन नहीं रहकर साधक हो जाता है क्योंकि आविष्कृत हो जाने पर ये उपकरण स्वायत्त हो जाते हैं और फिर अन्य उपकरणों के साथ मिलकर मनुष्य का ही पुनराविष्कार करते हैं। मनुष्य के पुनराविष्कार से इन्निस का तात्पर्य मनुष्य के नए सम्बन्धों के आविष्कार से भी है, क्योंकि जिसे हम संस्कृति या सभ्यता कहते हैं, उसका प्रमुख आयाम मानवीय सम्बन्ध है। किसी नई तकनीकी से मानव-सम्बन्धों में परिवर्तन होने के कारण तकनीकी को मूल्य-निरपेक्ष कहना संगत नहीं होगा।

मार्क्स और उनके अनुयायी शायद इस बात को नहीं समझ पाए। पूँजीवादी समाज में पूँजी के निर्माण की प्रक्रिया और उसके आधार पर वर्ग-विभाजन और द्वन्द्वात्मक वर्ग-सम्बन्धों का विश्लेषण करते हुए वे इस बात को भूल गए कि जिन तकनीकी उपकरणों के आधार पर बने उत्पादन-सम्बन्धों के कारण पूँजीवाद का विकास होता है, उन्हीं के आधार पर एक समतावादी समाज विकसित नहीं हो सकेगा—चाहे राजसत्ता का समर्थन इस उद्देश्य को प्राप्त भी हो, क्योंकि राजसत्ता भी, अन्ततः उन्हीं उत्पादन-सम्बन्धों के आधार पर विकसित अधिरचना ही है। इस दृष्टि से साम्यवादी क्रान्ति की शुरुआत उत्पादन-सम्बन्धों में परिवर्तन से होनी चाहिए थी और इस परिवर्तन का कारक उत्पादन के उपकरणों में परिवर्तन को होना था। सोवियत साम्यवादी व्यवस्था ही नहीं, सभी तरह की समाजवादी व्यवस्थाओं की सबसे बड़ी भ्रान्ति यही रही कि उन्होंने उत्पादन के साधनों अर्थात तकनीकी में बुनियादी परिवर्तन के बिना ही बुनियादी सामाजिक-आर्थिक परिवर्तन लाने के 'अवैज्ञानिक' प्रयास किए।[13]

स्वयं कार्ल मार्क्स भी इस अन्तर्विरोध पर ध्यान नहीं दे पाए थे। बड़े उद्योगों

के साथ जिस पूँजीवाद और आर्थिक एकाधिकारवाद का विकास अनिवार्यत: जुड़ा है, उसे ही मार्क्स ने व्यक्तिगत सम्पत्ति की समाप्ति का आधार माना। 'जर्मन आइडियोलॉजी' में मार्क्स लिखते हैं : "बड़े उद्योगों में पहली बार उत्पादन के साधनों और व्यक्तिगत सम्पत्ति का अन्तर्विरोध उभरता है और यह बड़े उद्योगों का परिणाम है। साथ ही, इस अन्तर्विरोध को उभारने के लिए बड़े उद्योगों का उच्च विकास होना चाहिए। इस तरह केवल बड़े उद्योगों के विकास के साथ ही व्यक्तिगत सम्पत्ति का विनाश सम्भव है।" यहाँ मार्क्स नहीं अनुमान कर पाए कि बड़े उद्योगों का बीज एक खास तरह की तकनीकी है, जिस पर विकसित आधुनिक पूँजीवाद एक अन्तर्राष्ट्रीय व्यवस्था हो सकता है, जिसमें व्यक्तियों का स्थान कॉरपोरेट ले लेंगे।

लेकिन साम्यवादी विकल्प के असफल हो जाने का तात्पर्य कॉरपोरेट पूँजीवाद की अपरिहार्यता नहीं है—जैसा अधिकांश आर्थिकीविद् मानने लगे हैं। मार्क्स भी, अन्तत:, एक स्वतंत्र मनुष्य और समतावादी स्वतंत्र समाज का स्वप्न ही देख रहे थे। एडम स्मिथ और मार्क्स दोनों के आधार पर समाज-रचना के प्रयत्न अपनी प्रक्रिया में उन मूल्यों के विरोधी हो जाने के कारण हुए, जिनकी व्यावहारिक सिद्धि को उन्होंने अपना साध्य माना था। गाँधी जी की शब्दावली में कहें तो प्रक्रिया में 'साध्य-साधन एकत्व' का अभाव था। इसलिए यह स्वाभाविक है कि मानवता एक नए विकल्प की तलाश में है—एक ऐसा विकल्प, जो एक वैकल्पिक तकनीकी पर आधारित हो, जो अपने लक्ष्य में ही नहीं, अपनी प्रक्रिया में भी स्वतंत्रता और समानता को सिद्ध करती हो अर्थात् जो साध्य-साधन एकत्व की प्रक्रिया हो। आधुनिक भौतिकी ने भी अब तो यह स्पष्ट कर दिया है कि तत्व और प्रक्रिया अन्तत: अभेदसिद्ध हैं। तत्व और प्रक्रिया के इस अभेदत्व की आर्थिक-राजनैतिक और सांस्कृतिक सिद्धि तभी सम्भव है, जब एक स्वतंत्र और नैतिक समाज और मनुष्य का विकास करने के लिए एक ऐसी आर्थिक-राजनैतिक तकनीकी का विकास किया जाए, जो अपने फल में ही नहीं, अपनी प्रक्रिया में भी स्वतंत्रता, समता और सत्ता-रूपों के विकेन्द्रीकरण को पुष्ट करने वाली हो।'

इसलिए, महात्मा गाँधी का ध्यान सबसे पहले उत्पादन-पद्धति अर्थात् तकनीकी की ओर जाता है। आधुनिक उत्पादन-प्रक्रिया और आर्थिक विकास एक भारी और जटिल तकनीकी पर निर्भर करता है। लेकिन आर्थिक विकास को पूर्णतया मशीनों पर निर्भर कर देने का अर्थ उत्पादन-प्रक्रिया और आर्थिक जीवन को अमानवीय नियंत्रण में कर देना है। सामान्यतः, मनुष्य यही सोचता है कि यंत्रोद्योग उसके नियंत्रण में है और वह अपनी इच्छानुसार उनका उपयोग कर सकता है। लेकिन यंत्रों और तकनीकी की अपनी प्रकृति और प्रक्रिया होती है और वह ऐसा दुश्चक्र होता है, जिससे बचना सम्भव नहीं है। 'टेक्नोलॉजिकल डिटरमिनिज्म'—प्रौद्योगिकीय नियतिवाद आधुनिक युग की ऐसी समस्या है जिसने बहुत-से अर्थशास्त्रियों और समाजविज्ञानियों का ध्यान आकर्षित किया है। उनका मानना है कि "किसी भी संस्कृति की प्रेरक शक्ति उसकी टेक्नोलॉजी में होती है।"[14] आधुनिक तकनीकी प्रकृति के साथ अनिवार्य हिंसा का रिश्ता रखती है। उसका पेट भरने के लिए अधिकाधिक प्राकृतिक संसाधनों की आवश्यकता होती है। यदि इन संसाधनों का प्रयोग कम कर दिया जाता है तो यह तकनीकी घाटा देने लगती है और तब उस आर्थिक विकास की दृष्टि से अनुपयोगी और अनार्थिक हो जाती है, जिसके लिए उसका स्थापन और विकास किया गया है। हमारे समय की बड़ी समस्या पर्यावरण-प्रदूषण और पारिस्थितिकीय असन्तुलन इस तकनीकी के इस्तेमाल का ही परिणाम है और जिसके कारण पूरे जीवन के ही नष्ट होने का ख़तरा बढ़ता जा रहा है। बेरी कॉमनर का यह कथन सर्वथा संगत लगता है कि "नई तकनीकी एवं आर्थिक सफलता सिर्फ़ इसी कारण है कि वह एक पारिस्थितिकीय विफलता है।"[15]

एरिक फ्रॉम जैसे मनोविदों की राय में इस तकनीकी पर आश्रित उत्पादन-व्यवस्था में मनुष्य स्वयं एक वस्तु में रूपान्तरित हो जाता है और तब यह तकनीकी उसके साथ वैसा ही व्यवहार भी करती है। "आज के औद्योगिक समाज में मनुष्य की निष्क्रियता उसकी प्रधान चारित्रिकता और व्याधि है...निष्क्रियता के कारण वह अपने को शक्तिहीन, अकेला और उद्विग्न महसूस करता है।"[16] एरिक फ्रॉम इसे 'एलियेनेशन सिंड्रोम' कहते हैं। स्मरणीय है कि इस अलगाव

का ज़िक्र स्वयं मार्क्स ने भी किया है जिसके अनुसार इस व्यवस्था में मनुष्य अपने काम से, अपने काम के उत्पाद से, अन्य मनुष्यों से तथा सामान्यत: मानव-जाति से अलगाव महसूस करने लगता है।

यहाँ इस बात की ओर भी ध्यान दिया जाना आवश्यक है कि इस तकनीकी की एक स्पष्ट राजनैतिक भूमिका भी है, क्योंकि इस पर केवल प्रभु वर्ग का ही नियंत्रण हो सकता है और कभी यदि सामाजिक नियंत्रण की बात होती भी है तो उसके ऐसे रूप विकसित होते हैं, जो अपने चरित्र में सहभागिता-मूलक नहीं, बल्कि 'अथॉरिटेरियन' होते हैं, क्योंकि उसके बिना इस तकनीकी का प्रबन्धन सम्भव नहीं है। सम्भवत:, यही कारण है कि समाजवादी कही जाने वाली व्यवस्थाओं में केन्द्रीकृत प्रबन्धन शैली का ही विकास हुआ और लेनिन जैसे क्रान्तिकारी को भी अमेरिकी पूँजीवादी प्रबन्धविज्ञानी टेलर के साथ सुर मिलाकर मानना पड़ा कि मज़दूर की हैसियत एक बड़ी मशीन के छोटे पुर्जे—कॉग इन दि मशीन—की है। दरअसल, यह सवाल राजनैतिक विचारधारा का उतना नहीं था, जितना तकनीकी के अपने चरित्र का।[17]

इसलिए जब हम किसी तकनीकी को चुनते हैं तो इस बात पर विचार किया जाना भी ज़रूरी है कि केवल आर्थिक ही नहीं, उसके सामाजिक-राजनैतिक और सांस्कृतिक परिणाम भी क्या हो सकते हैं। अमेरिकी राष्ट्रपति वुड्रो विल्सन ने यह चेतावनी दी थी कि ऐसी तकनीकी वाले समाज में लोकतंत्र भी 'विशेषज्ञों का शासन' हो जाता है। 'ब्रिटिश सोसाइटी फॉर सोशल रेस्पांसबिलिटी ऑफ साइंस' की एक रिपोर्ट में कहा गया है कि आज की परिस्थिति में वैज्ञानिक और तकनीकी ज्ञान ही सत्ता का स्रोत हो जाता है और उस पर विशाल संस्थाएँ ही नियंत्रण कर सकती हैं और इस प्रक्रिया में वह शक्तिशाली को अधिक शक्तिशाली और कमज़ोर को और कमज़ोर करता जाता है। दरअसल, यह समाज को आर्थिक शक्तियों के नियंत्रण में लाना है—जो प्रकारान्तर से अधिनायकवाद का नया रूप कहा जा सकता है। रॉल्फ लेप के अनुसार तो "लोकतंत्र वैज्ञानिक क्रान्ति के इस दौर में सबसे कड़ी परीक्षा दे रहा है, क्योंकि ऐसे में देश अपने कल्याण के लिए वैज्ञानिक और तकनीकी अभिजनों के एक अत्यन्त छोटे समूह पर निर्भर हो

जाता है।"[18] कार्ल फ्रेडरिक और ब्रजेजिंस्की जैसे अध्येताओं का यह निष्कर्ष भी इसलिए संगत ही लगता है कि यह तकनीकी अपने एकाधिकारवादी चरित्र के कारण राजनीतिक निरंकुशता के लिए भी आवश्यक साधन और वातावरण मुहैया करवा देती है।[19] यह भी ध्यान देने की बात है कि ऐसे में लोकतांत्रिक चुनाव भी किन्हीं वैचारिक आग्रहों पर नहीं बल्कि प्रबन्धन-कौशल के आधार पर होने लगते हैं। हम बेहतर प्रबन्धकों को चुनते हैं। अधिनायकवादी मानसिकता के लिए यह सबसे बेहतर खाद है।[20]

यह तकनीकी ग़रीब और अविकसित देशों पर बड़े और विकसित देशों का आर्थिक ही नहीं, राजनैतिक नियंत्रण बढ़ाने में भी सहयोग करती है, क्योंकि इसके लिए जिस विशेषज्ञता और पूँजी की आवश्यकता होती है, वह अविकसित या विकासशील देशों के पास नहीं होती और यदि हर चीज़ बाज़ार की वस्तु है तो इस बात की अनदेखी नहीं की जा सकती कि विकसित और शक्तिशाली देश अपनी तकनीकी विशेषज्ञता और पूँजी-निवेश की क्या कीमत वसूल करते हैं।

टी. डास सैंटोन के अध्ययन का निष्कर्ष है कि "शक्तिशाली देश तकनीकी, वाणिज्य, पूँजी तथा सामाजिक-राजनैतिक दृष्टि से निर्भर देशों पर अपना प्रभुत्व जमाए रखते हैं—इस प्रभुत्व का स्वरूप विशिष्ट ऐतिहासिक समय के अनुसार अलग-अलग होता है। प्रभु देश उनका शोषण कर सकते हैं और स्थानीय रूप से उत्पन्न अतिरिक्त अंश को निचोड़ सकते हैं।" इसका परिणाम, जैसा पाल बरन बताते हैं, अवरुद्ध विकास के रूप में होता है और आन्द्रे गुंडर फ्रेंक का विचार है कि यह अवरुद्ध विकास 'निर्भरता संलक्षण (सिंड्रोम)' का एक स्थायी चरित्र बने रह सकता है। श्यामाचरण दुबे इस निर्भरता के कुछ आनुषंगिक परिणामों यथा बौद्धिक उपनिवेशवाद, अप्रासंगिक शिक्षा आदि का उल्लेख करते हुए निष्कर्ष देते हैं कि "निर्भरता सिंड्रोम अल्पविकसित देशों को समृद्ध और शक्ति सम्पन्न देशों की घरेलू और अन्तर्राष्ट्रीय नीतियों से बाँध देता है और उनके स्वाधीन तथा देशज विकास की सम्भावना को उलट-पुलट देता है।"[21]

वर्तमान उत्पादन-प्रक्रिया का एक और हिंसक आयाम विस्थापन है, जो आधुनिक विकास की ज़रूरतों के नाम पर किया जाता है। यह तर्क दिया जाता

है कि विकास की कुछ क़ीमत तो देनी ही होती है। तब सवाल यह उठता है कि क़ीमत दे कौन रहा है! कोई भी देश कई प्रकार के समुदायों का संघ होता है और यदि किसी भी समुदाय के हितों की क़ीमत पर अन्य को लाभ पहुँचाया जाता है तो यह एक प्रकार का 'आन्तरिक उपनिवेशीकरण' ही माना जाएगा, जो पूरे विश्व में एक विकराल समस्या का रूप ले चुका है। हमें एरिका आइरीन जैसे विश्लेषकों की इस बात पर ग़ौर करने की ज़रूरत है कि संयुक्त राष्ट्र संघ जैसी संस्थाओं का भविष्य भी इस 'आन्तरिक उपनिवेशीकरण' से मुक्ति पर निर्भर करता है। यह उल्लेखनीय है कि कोई भी आर्थिक मुआवज़ा उस तरह का आय का स्थायी स्रोत नहीं हो सकता, जैसा भूमि होती है। विस्थापन का एक परिणाम यह भी होता रहा है कि अपने प्राकृतिक निवास—हैबिटेट—से हटा दिए जाने के कारण सम्बन्धित समुदाय का सामुदायिक-सांस्कृतिक जीवन भी समाप्त हो जाता है। बहुत-से आदिवासी समूह अपने प्राकृतिक निवास और परिवेश को ही अपने उपास्य के रूप में मानते और उसकी पूजा करते हैं। उनका विस्थापन प्रकारान्तर से अपने 'धार्मिक हैबिटेट' से वंचित कर दिया जाना है, जिसके कारण सम्बन्धित समुदाय अपनी धार्मिक परम्पराओं, अनुष्ठानों और विश्वासों से भी वंचित हो जाता है।[22] ऐसे विस्थापित समुदाय, दरअसल, पर्यावरणीय शरणार्थी हो जाते हैं, और धीरे-धीरे अपनी भाषा, साहित्य और धार्मिक-सांस्कृतिक विश्वासों को खो देते हैं, क्योंकि एक समुदाय के रूप में एक प्राकृतिक परिवेश के बिना बने रहना सम्भव नहीं होता।

आधुनिक तकनीकी अर्थात् मशीनीकरण के प्रति महात्मा गाँधी के विरोध को इन सब सन्दर्भों में समझे जाने की ज़रूरत है। उपर्युक्त विश्लेषण महात्मा गाँधी के इस कथन की पर्याप्त पुष्टि करता है कि "मशीन साँप की बाँबी की तरह है जिसमें एक नहीं सौ साँप हैं। एक के बाद दूसरा लगा ही रहता है।"[23]

इसलिए असली द्वन्द्व तकनीकी का है। एक दृष्टि है जो व्यक्ति की गरिमा, स्वतंत्रता, समानता और नैतिक उत्थान को महत्त्व देती है और दूसरी उपभोगपरक दृष्टि है, जो केवल भौतिक सुविधाओं की बढ़ोतरी को लक्ष्य मानती है—चाहे इसके लिए सृष्टि की सम्पूर्ण सम्पदा का इस तरह दोहन करना पड़े कि भावी

मानवता के लिए कुछ न बचे। इस पृष्ठभूमि और अहिंसा की कसौटी के आधार पर ही हम महात्मा गाँधी के मशीनीकरण सम्बन्धी विचारों और स्वदेशी के आग्रह को समझ सकते हैं। सबसे पहली बात तो यही कि विशाल पैमाने के उत्पादन आधुनिक तकनीकी की स्वाभाविक अनिवार्यता है और गाँधी जी उसे विश्व-संकट का मूल कारण मानते हैं। उनकी सम्मति में विशाल पैमाने के उत्पादन का कारण लोगों का अपनी ज़रूरतों को अन्धाधुन्ध बढ़ाते जाना है।[24] वह कहते हैं : "मैं पक्के तौर पर अपनी राय जाहिर करना चाहूँगा कि विशाल पैमाने का उत्पादन विश्व-संकट के लिए उत्तरदायी है। एक क्षण के लिए अगर मान भी लें कि मशीनें मानव-जाति की सभी आवश्यकताओं को पूरा कर सकती हैं तो भी इनका कार्य उत्पादन के विशिष्ट क्षेत्रों पर ही केन्द्रित होगा और आपको वितरण का नियमन करने के लिए एक जटिल व्यवस्था अलग से करनी पड़ेगी। इसके विपरीत, जिस क्षेत्र में जिस वस्तु की आवश्यकता है, अगर वहीं उसका उत्पादन और वितरण दोनों किए जाएँ तो इनका नियमन स्वयमेव हो जाता है और उसमें धोखाधड़ी की गुंजाइश कम रहती है तथा सट्टेबाजी की तो बिल्कुल नहीं।"[25] मशीनीकरण के विरोध के पीछे गाँधी जी का एक प्रमुख तर्क यह भी था कि उनकी रामराज्य की कल्पना आर्थिक असमानता के रहते साकार नहीं हो सकती थी और उनका अनुभव मशीनों को इस आर्थिक असमानता का मूल कारण मानता था। दक्षिण अफ्रीका के अपने अनुभव को बताते हुए वह कहते हैं : "उसी समय मेरे मन में इस विचार का उदय हुआ था कि लाखों-करोड़ों लोगों का दमन और शोषण करने के लिए मशीन एक ऐसा दैत्य है, जिसका कोई जवाब नहीं है। यदि समाज में सभी लोगों को बराबरी का दर्जा दिया जाना है तो मानव-अर्थव्यवस्था में मशीन का कोई स्थान नहीं हो सकता। मेरा विश्वास है कि मशीन ने आदमी की हैसियत में कोई इज़ाफ़ा नहीं किया है और जब तक हम इसे इसके उचित स्थान पर नहीं बिठाएँगे तब तक यह दुनिया की सेवा नहीं करेगी बल्कि उसे विघटित कर देगी।"[26]

'मशीन को उसके उचित स्थान पर बिठाना—यह है आधुनिक तकनीकी और मशीनीकरण के प्रति गाँधी जी की नीति।' इसलिए वह ऐसे यंत्रों को तो

स्वीकार कर लेते हैं जो मनुष्य को हाड़तोड़ श्रम से बचाते तथा मनुष्य और प्रकृति के प्रति हिंसक नहीं, होते तथा उसे किसी तरह के 'तकनीकी नियतिवाद' का शिकार नहीं बनाते। यह विस्मयकारी है कि इस नियतिवाद को गाँधी जी ने आधुनिक समाजशास्त्रियों से बहुत पहले समझ लिया था। वह कहते हैं : "उसके ऊपर अपनी ही इच्छा अथवा प्रतिभा सवार मालूम होते हैं। वह मानव-श्रम की विरोधी है...जिससे बेरोज़गारों और अल्प-रोज़गारों की सेना बढ़ती ही जाती है। मशीन ऐसा इसलिए नहीं करती कि यह वांछनीय है, बल्कि इसलिए कि यही उसका नियम है।"[27]

लेकिन तब गाँधी जी किस तकनीकी का सुझाव देते हैं, क्योंकि हर आर्थिक-सामाजिक व्यवस्था की अपनी तकनीकी होना तो अपरिहार्य है? महात्मा गाँधी इसके लिए 'स्वदेशी' का रास्ता सुझाते हैं। स्वदेशी का अर्थ केवल देश में हुआ उत्पादन नहीं, बल्कि अपने संसाधनों और तकनीकी से किया गया उत्पादन है। स्वदेशी का तात्पर्य है स्थानीय ज़रूरतों के लिए स्थानीय संसाधनों और स्थानीय तकनीकी से किया गया उत्पादन। स्वदेशी से गाँधी जी का तात्पर्य एक ऐसी विकेन्द्रीकृत उत्पादन-व्यवस्था से है, जिसके प्राकृतिक संसाधन तथा तकनीकी भी मूलत: आस-पास पर आधारित तथा उससे सम्बन्धित हों तथा जिसे वहीं तैयार किया, सुधारा और विकसित किया जा सके। चरखा गाँधी जी के लिए इस स्वदेशी तकनीकी का ही प्रतीक है : "मैंने चरखे की तुलना सूर्य के साथ की है तथा गाँव के अन्य शिल्पों को सौरमंडल के विभिन्न नक्षत्रों के समान माना है। सूर्य सभी नक्षत्रों को प्रकाश और ऊष्मा देता है और उन्हें जीवित रखता है। सूर्य के बिना नक्षत्रों का अस्तित्व नहीं है।"[28] लेकिन चरखे के उद्योग का भी वह केन्द्रीकरण नहीं चाहते क्योंकि ऐसा करना स्वदेशी की वास्तविक भावना के अनुकूल नहीं होगा : "हम किसी एक स्थान पर बड़े पैमाने पर उत्पादन करके चरखे का सार्वभौमीकरण करना नहीं चाहते। हमारा आदर्श यह है कि जिस बस्ती में कताई करने वाले रहते हों वहीं चरखे और उसकी सहायक वस्तुओं का निर्माण होना चाहिए। इसी में चरखे का मूल्य निहित है। चरखे में यदि कोई ख़राबी आ जाए तो वह वहीं ठीक हो सकनी चाहिए

और कताई करने वालों को इसके लिए प्रशिक्षित करना चाहिए।"[29] स्पष्ट है कि यही बात अन्य स्थानीय उद्योगों से सम्बन्धित तकनीकी के बारे में लागू की जानी चाहिए। गाँधी जी का तात्पर्य यह नहीं है कि स्वदेशी की भावना के अन्तर्गत नए उपकरणों आदि का आविष्कार नहीं हो सकता। लेकिन अहिंसा की बुनियादी प्रतिज्ञा पर खरे उतरने पर ही उन्हें स्वीकार किया जा सकेगा। इसीलिए वह उदाहरण देकर कहते हैं : "कोई बेहतर किस्म का हल विकसित हो सके तो यह अच्छी बात है...मैं कुटीर उद्योगों की मशीनों में हर सुधार का स्वागत करता हूँ...मैं सबकी भलाई के लिए किए जाने वाले हर आविष्कार का स्वागत करूँगा। लेकिन एक आविष्कार और दूसरे आविष्कार में फ़र्क़ है।... लोकोपयोगी सेवाओं के लिए इस्तेमाल की जाने वाली भारी मशीनें, जिनका मानव-श्रम के रूप में कोई विकल्प सम्भव नहीं है, निश्चित रूप से अनिवार्य हैं, लेकिन उन पर राज्य का स्वामित्व होना चाहिए और उनका प्रयोग लोगों के हित में किया जाना चाहिए।"[30] इस योजना में कुछ बहुत ही आवश्यक हो गए बड़े उद्योगों को स्वीकृति है, पर किसी भी समाज की अर्थव्यवस्था का मूल आधार स्वदेशी तकनीकी और संसाधनों पर आधारित ग्रामोद्योग ही हो सकते हैं। बड़े उद्योग उनके सहायक की भूमिका में ही रहेंगे : "मेरी कल्पना के अनुसार गाँव की दस्तकारियों के साथ-साथ बिजली, पोत-निर्माण, लोहे के कारखाने, मशीन बनाने के कारखाने आदि भी रहेंगे। किन्तु निर्भरता का क्रम उलट जाएगा। अभी तक उद्योगीकरण की योजनाएँ इस प्रकार बनाई गई हैं कि वे गाँवों और गाँवों की दस्तकारियों को नष्ट कर दें। भारत के भावी राज्य में देश के उद्योग गाँवों और उनकी दस्तकारियों के सहायक की भूमिका निभाएँगे।"[31] 'यह है मशीन को उसके उचित स्थान पर बिठाना।' स्पष्ट है कि यह स्वदेशी तकनीकी ही वास्तविक आर्थिक विकेन्द्रीकरण और इस प्रकार प्रकारान्तर से सम्भव आर्थिक समानता का आधार हो सकती है तथा साथ ही वर्तमान केन्द्रीकरण से उत्पन्न आर्थिक-सामाजिक कई समस्याओं का समाधान करती हुई ग्रामोद्योगों के माध्यम से बहुसंख्यक ग्रामीण जनता में आत्मविश्वास लौटाकर उसके भौतिक तथा नैतिक उत्कर्ष का माध्यम भी—अभ्युदय तथा नि:श्रेयस दोनों का माध्यम।

महात्मा गाँधी का यह मन्तव्य बिलकुल व्यावहारिक है : "जब उत्पादन और उपभोग दोनों स्थानीकृत होते हैं तो उत्पादन में अन्धाधुन्ध और किसी भी क़ीमत पर वृद्धि करने का लालच समाप्त हो जाता है। तब हमारे वर्तमान अर्थतंत्र की सभी अनन्त कठिनाइयाँ और समस्याएँ समाप्त हो जाएँगी...तब मुट्ठी भर लोगों के पास वस्तुओं के बेशुमार संचय और शेष लोगों को उसके बावजूद अभाव की स्थिति पैदा नहीं होगी।"[32] और इसमें यह भी जोड़ दे सकते हैं कि ग़रीबी में पिसने के कारण हो रहा नैतिक अध:पतन रुक सकेगा और सभी को आध्यात्मिक उन्नति के समान अवसर उपलब्ध हो सकेंगे।[33]

इसके अलावा गाँधी जी जिस स्वदेशी तकनीकी और ग्रामोद्योगों की बात करते हैं उनमें न केवल समाज की आवश्यकताओं को पूरा करने योग्य उत्पादन का सामर्थ्य होगा बल्कि वह सभी लोगों को रोज़गार भी दे सकेगा। प्रसिद्ध अर्थशास्त्री शुमाकर का विश्लेषण बताता है कि आधुनिक तकनीकी पर आश्रित उत्पादन-प्रणाली में "कुल जनसंख्या के छठे भाग से भी कम जनसंख्या वास्तविक उत्पादन में लगी हुई है" तथा "कुल 'सामाजिक समय' का लगभग साढ़े तीन प्रतिशत हिस्सा ही वास्तविक उत्पादन में खर्च होता है।"[34] शुमाकर के विश्लेषण के बाद रोज़गार के अवसरों में कमी आते जाने के कारण यह संख्या और भी कम हो जानी चाहिए। आधुनिक तकनीकी के कारण ऐसा बड़ा वर्ग पैदा हो गया जिसका वास्तविक उत्पादन से कोई सम्बन्ध नहीं है। शुमाकर के अनुसार यदि तकनीकी को कुछ कम आधुनिक बना दिया जाए तो ऐसे लोगों की कोई ज़रूरत नहीं रहती। कार्ल मार्क्स की इस बात से भी शुमाकर की स्थापना का ही समर्थन होता है : "वे उत्पादन को उपयोगी वस्तुओं तक ही सीमित रखना चाहते हैं, लेकिन यह भूल जाते हैं कि बहुत अधिक मात्रा में उपयोगी वस्तुओं के उत्पादन का नतीजा अनुपयोगी लोगों की संख्या में बहुत अधिक वृद्धि ही होता है।"[35] यह नहीं भूलना चाहिए कि ब्रिटिश शासन से पूर्व स्वदेशी तकनीकी और विकेन्द्रीकृत उत्पादन-प्रणाली से उत्पादित भारतीय कपड़ा न केवल भारत की आवश्यकताएँ पूरी करता था, बल्कि विदेशी बाज़ार में भी उसकी बहुत खपत थी और कुल विश्व-निर्यात में भारत और चीन—केवल दो

देशों—की हिस्सेदारी दो-तिहाई थी। यदि हम गाँधी जी की भाषा में 'ग्रामवासी रूपी सजीव मशीनों को' पूरा काम दे सकें तो उत्पादन के अभाव की शिकायत नहीं रह सकती। ग़रीबी को विशाल पैमाने के उत्पादन से नहीं बल्कि ग़रीबों को उत्पादन-कार्यों में लगाकर ही मिटाया जा सकता है। महात्मा गाँधी लिखते हैं : "मेरे विचार में भारत, और भारत ही क्यों सारी दुनिया, का आर्थिक गठन ऐसा होना चाहिए कि उसमें किसी को रोटी-कपड़े की तंगी न रहे। दूसरे शब्दों में, प्रत्येक व्यक्ति को अपने जीवन-निर्वाह के लिए पर्याप्त काम उपलब्ध होना चाहिए। यह आदर्श सर्वत्र तभी प्राप्त किया जा सकता है जब जीवन की बुनियादी आवश्यकताओं के उत्पादन के साधन आम जनता के नियंत्रण में हों।"[36] अपने आसपास के संसाधन और उन्हीं को ध्यान में रखकर स्थानीय स्तर पर विकसित तकनीक के माध्यम से ही उत्पादन के साधनों पर आम लोगों का वास्तविक नियंत्रण रह सकता है। शुमाकर, रोबिन क्लार्क, ममफोर्ड, इवान इलिच और एरिक फ्रॉम जैसे विचारकों, वैज्ञानिकों और अर्थशास्त्रियों ने 'मध्यवर्ती' या 'समुचित' या 'कोमल' तकनीकी की बात की है। कई लोगों का ध्यान 'छोटी मशीनों' की ओर गया है। जॉन शेड जैविक तकनीकी—बायो टेक्नोलॉजी—का प्रस्ताव करते हैं। शेड का मानना है कि इस तकनीकी को समाज के निम्नतम स्तर पर भी प्रभावी हो सकना चाहिए। इसमें केवल आर्थिक ही नहीं सामाजिक और पारिस्थितिकीय दृष्टि से भी विचार किया जाना चाहिए। पीटर वान ड्रेसर, कॉलिन मूरक्राफ्ट आदि लोगों के सुझाव भी इसी तरह के हैं। ईथान मिलर अहिंसक आर्थिकी को 'एकात्म अर्थशास्त्र' की संज्ञा देते हैं। उनके अनुसार व्यापकतर अर्थ में अर्थशास्त्र का तात्पर्य यह है कि हम मानव-प्राणी सामूहिक रूप से पृथ्वी तथा हमारे पारस्परिक सम्बन्धों के परिप्रेक्ष्य में अपनी आजीविका कैसे अर्जित करते हैं। इसी तरह लास्से नॉर्दलुंद का मानना है कि वास्तविक कुशलता सादे-सरल तकनीकी उपकरणों से ही मिल सकती है, जैसे पुराने ढंग का चरखा या काठ-निर्मित अन्य उपकरण, जिनमें लोहा जितना कम हो उतना ही बेहतर है।

गाँधी जी के विचारों के आधार पर जे.सी. कुमारप्पा स्थायी समाज-व्यवस्था

के लिए अहिंसा पर आधारित आर्थिक प्रक्रिया का विकास करने वाले प्रमुख अर्थशास्त्री हैं। उनका विश्लेषण बताता है कि अस्थायी या क्षणभंगुर अर्थ-व्यवस्था उन संसाधनों पर टिकी होती है, जो इस्तेमाल करने पर धीरे-धीरे कम होते जाते हैं। दूसरी ओर प्रकृति का चक्र ऐसा है, जिसमें अधिकांश चीज़ें उस चक्र की प्रक्रिया में स्वत: नष्ट होती, पुन: जन्म लेती और विकसित होती हैं। कुमारप्पा प्रकृति की इस व्यवस्था, इस चक्र को स्थायी कहते हैं। इस पर्यावरण-चक्र को बनाए रखने, उसका संरक्षण-संवर्धन करने की व्यवस्था ही स्थायी व्यवस्था है और यह अहिंसक अर्थ-रचना का आधार है।[37]

दरअसल स्वदेशी, स्वावलम्बी व्यक्ति और गाँव तथा आर्थिक विकेन्द्रीकरण कोई अलग-अलग अवधारणाएँ नहीं हैं। इस तकनीकी के आधार पर जो आर्थिक संरचना विकसित होगी वह व्यावहारिक रूप से आर्थिक स्तर पर जीवन-क्षम होने के साथ-साथ पारस्परिक प्रेम और सहकार तथा अहिंसा के सिद्धान्त से भी अनुप्राणित होगी। गाँधी जी के शब्दों में, "स्वदेशी ही वह एकमात्र सिद्धान्त है जो विनम्रता और प्रेम के नियम के अनुरूप है।" 'स्वदेशी' से प्रेरित 'स्वावलम्बी ग्राम' इसी कारण न तो किसी प्रकार की मुनाफ़ाखोरी, शोषण या अनैतिक व्यापार में स्वयं रुचि लेते हैं और न अपने को उसका शिकार होने देते हैं। कह सकते हैं कि स्वदेशी न केवल अपने से जुड़े लोगों में प्रेम और नैतिक गुणों एवं स्वेच्छापूर्ण अल्प-उपभोग की भावना का विकास करता है बल्कि प्रकारान्तर से आधुनिक तकनीकी से प्रसूत अन्तर्राष्ट्रीय आर्थिक साम्राज्यवाद के सभी ज्ञात-अज्ञात रूपों के बरक्स एक सत्याग्रह हो जाता है।[38]

इस अर्थ में गाँधी जी द्वारा प्रस्तावित 'स्वदेशी' उस व्यवस्था के विकल्प का बीज है, जिसके कारण मानव-जाति अपने अस्तित्व की जड़ों पर ही कुठाराघात करती जा रही है। 'स्वदेशी' से प्रेरित उत्पादन-शक्तियों के आधार पर ही ऐसे उत्पादन-सम्बन्ध विकसित होंगे, जो हमें एक 'न्यायपूर्ण' अधिरचना—सुपर-स्ट्रक्चर—की ओर ले जा सकेंगे। महात्मा गाँधी की शब्दावली का प्रयोग करें तो यह 'लोभ की जगह प्रेम' को क़ायम करना है—प्रेम, जो अस्तित्व का वास्तविक नियम है। टैरी ईगलटन प्रेम के आदर्श की रोशनी में मार्क्स की

व्याख्या करते हुए कहते हैं कि अन्य के माध्यम से ही हम अपने को खोज पाते हैं। इसका तात्पर्य वैयक्तिक स्वातंत्र्य का हनन नहीं, बल्कि उसे और समृद्ध करना है। इससे अधिक, सुन्दर नीतिशास्त्र की कल्पना मुमकिन नहीं।[39] गाँधी जी कह चुके हैं : "स्वदेशी ही वह एकमात्र सिद्धान्त है जो विनम्रता और प्रेम के नियम के अनुरूप है।"[40]

अर्थशास्त्र का सम्बन्ध केवल उत्पादन की पद्धति से ही नहीं बल्कि उत्पादन के साधनों के स्वामित्व और उत्पादन से होने वाले लाभ के वितरण से भी है। इस सम्बन्ध में कार्ल मार्क्स की यह स्थापना बहुत महत्त्वपूर्ण है कि उत्पादन-शक्तियों के आधार पर ही उत्पादन-सम्बन्धों का निर्धारण होता है। इसका अर्थ यह है कि तकनीकी स्वयं ही अपने स्वामित्व और लाभ के वितरण के बारे में दिशा-संकेत दे देती है। जब हम विशाल पैमाने के उत्पादन के लिए केन्द्रीकरण के स्वभाव वाली तकनीकी चुनते हैं तो स्वाभाविक ही स्वामित्व का रूप भी केन्द्रीकृत हो जाता है—चाहे वह पूँजीवादी प्रकार का निजी स्वामित्व हो या समाजवादी प्रकार का राजकीय स्वामित्व। आर्थिक प्रक्रिया में हिंसा का एक स्वरूप शोषण का है, जिसका सीधा तात्पर्य है किसी को उसके न्यायपूर्ण हिस्से से वंचित कर देना। किसी भी वस्तु के उत्पादन में जिन संसाधनों की आवश्यकता होती है, उनमें श्रम अत्यन्त महत्त्वपूर्ण है, क्योंकि मानवीय श्रम के बिना कोई उत्पादन सम्भव नहीं होता। इसलिए रिकार्डो की यह धारणा बिल्कुल समीचीन है कि श्रम भी पूँजी का एक प्रकार है। इसका सीधा प्रतिफलन यह होता है कि इसलिए लाभ पर जितना अधिकार पूँजी का है, उतना ही श्रम का भी होना चाहिए। श्रम के माध्यम से ही 'उपयोगिता मूल्य' का 'विनिमय मूल्य' में रूपान्तरण सम्भव होता है। सरल शब्दों में, किसी भी उत्पाद की बाज़ार में क़ीमत संसाधनों की लागत के साथ उत्पादन-प्रक्रिया में लगे श्रम की मात्रा के अनुसार होती है। लेकिन यहाँ रिकार्डो मुनाफ़े में श्रम की वैसी हिस्सेदारी स्वीकार नहीं करता, जैसी पूँजी को मिलती है। उसका विचार है कि श्रमिक को उतना ही मिलना चाहिए कि वह श्रम के योग्य रह सके। शेष लाभ पर पूँजीपति का अधिकार होना चाहिए। उसका तर्क यह है कि पूँजीपति उस लाभ को उत्पादन के लिए

पुनर्निवेश कर पूँजी में लगातार वृद्धि करता रहेगा, जो अर्थव्यवस्था की बेहतरी के लिए अधिक मुफ़ीद है। रिकार्डो तो यहाँ तक मानता है कि कुछ सीमा तक समाज में बेरोज़गारी भी रहनी चाहिए क्योंकि यदि पूर्ण रोज़गारी होगी तो श्रमिक वर्ग अपनी शर्तें मनवाने के लिए अधिक समर्थ हो जाएगा।

किसी के न्यायपूर्ण अधिकार को मान्यता न देना एक प्रकार की हिंसा है और किसी अन्य के श्रम के फल को स्वयं हड़प लेना एक प्रकार की चोरी या लूट—फिर चाहे उसका स्वरूप क़ानूनसम्मत भी क्यों न हो। यहाँ इस बात की ओर ग़ौर किया जाना भी ज़रूरी लगता है कि श्रम के अलावा अन्य संसाधन भी किसी एक व्यक्ति के नहीं हैं। जो कच्चा माल चाहिए, वह पूरे समाज़ का है। जिस तकनीकी ज्ञान के द्वारा उत्पादन सम्भव होता है, वह भी पूरे समाज के विकास की ऐतिहासिक प्रक्रिया का फल है। यहाँ तक कि जो पूँजी-निवेश किया जाता है, वह भी बैंकों, राजकीय कर्ज़ या सहायता, शेयरों आदि के माध्यम से प्राप्त होता है, अत: उस पर भी किसी का निजी अधिकार नैतिक आधार पर मान्य नहीं हो सकता। कहा जा सकता है कि एक पूँजीपति अपने प्रबन्धन-कौशल के आधार पर इन सबका संयोजन कर उत्पादन सम्भव कराता है। लेकिन तब उसे उस प्रबन्धन-कौशल के लिए उसी प्रकार पारिश्रमिक या मानदेय दिया जाना संगत होगा, जिस प्रकार कच्चे माल, तकनीकी या श्रम आदि के लिए दिया जाता है। अगर ये सभी संसाधन समाज के हैं तो उनके लाभ पर भी पूरे समाज का ही अधिकार होना चाहिए। आर.एच. टॉनी को शुमाकर उद्धृत करते हैं : "ये सभी अधिकार—रायल्टी, तहबाज़ारी, एकाधिकारी लाभ और अन्य किसी प्रकार के 'अधिशेष'—सम्पत्ति हैं। इनकी सबसे घातक आलोचना...उन तर्कों में निहित है, जिनके जरिये प्राय: सम्पत्ति की संकल्पना का समर्थन किया जाता है।"[41]

महात्मा गाँधी, दरअसल, जिस तकनीकी या 'स्वदेशी' का आग्रह करते हैं, उसमें उत्पादन के साधनों पर किसी तरह के केन्द्रीकृत स्वामित्व और शोषण की सम्भावना अत्यन्त न्यून हो जाती है। इस तकनीकी में हर व्यक्ति या कुटुम्ब ही श्रमिक होता है और वही स्वामी भी। उस उत्पादन को उपभोक्ता तक पहुँचाने के

लिए किसी बिचौलिए संस्थान की भी ख़ास ज़रूरत नहीं रहती। इस तकनीकी और उससे विकसित उत्पादन-सम्बन्धों के कारण पूँजी का शोषणपरक केन्द्रीकरण सम्भव नहीं रहता और लाभ के सम्भव समान वितरण अर्थात् आर्थिक समानता का आदर्श भी स्वयमेव ही लागू हो जाता है। ऐसी ही समाज व्यवस्था को वास्तविक न्यायपूर्ण सामाजिक व्यवस्था कहा जाना चाहिए, जिसकी आर्थिक प्रक्रिया में शोषण की सम्भावना ही न रहे। सत्य और अहिंसा केवल वैयक्तिक गुण नहीं हैं, बल्कि उनका सामाजिक-आर्थिक प्रतिफल उद्‌देश्यों में ही नहीं प्रक्रिया में भी अर्थात् साध्य के रूप में ही नहीं, साधन के रूपों में भी दिखाई देना चाहिए। गाँधी जी के ही शब्दों में : "मेरी दृष्टि में उस गुण का कोई मूल्य नहीं रह जाता, जो केवल व्यक्तियों तक ही सीमित हो या उस पर आचरण करना केवल व्यक्तियों के लिए ही सम्भव हो।"[42]

यह उल्लेखनीय है कि अब तो मेजारोस, लेबोविट्ज और टैरी ईगलटन जैसे नए मार्क्सवादी विचारक भी विकेन्द्रीकृत तकनीकी और उत्पादन-व्यवस्था की बात करने लगे हैं—यद्यपि वे गाँधी का हवाला नहीं देते। वे उत्पादन-व्यवस्था पर न कॉरपोरेट का नियंत्रण चाहते हैं, न राज्य का। मेजारोस 'भूमंडलीकरण' को 'बेरोज़गारी का भूमंडलीकरण' कहकर व्याख्यायित करते हैं।[43] इसका हल उत्पादन-शक्तियों के विकल्प में ही हो सकता है, जो उत्पादन के साथ-साथ लाभ के वितरण की समस्या का समाधान भी अन्तर्निहित किए हैं। गाँधी जी की 'स्वदेशी' की अवधारणा ऐसी ही उत्पादन-शक्ति का आग्रह है जो न्यायपूर्ण उत्पादन-सम्बन्धों को विकसित करती है।

कुछ आवश्यक बड़े उद्योगों के लिए महात्मा गाँधी 'न्यासिता' तथा कुछ पर सीधे राज्य के नियंत्रण का प्रस्ताव करते हैं। 'न्यासिता' एक प्रकार का 'अनासक्त स्वामित्व' है। गाँधी जी मानते हैं कि पूँजीपतियों को न्यासी के रूप में काम करना चाहिए। यह मालिकों द्वारा शोषण से उत्पन्न पाप का प्रायश्चित भी है। वह कहते हैं : "यदि धनवान लोग न्यासिता के सिद्धान्त के अनुसार काम नहीं करते तो इससे सिद्धान्त की नहीं, धनवानों की दुर्बलता सिद्ध होती है।"[44]

न्यासिता के सिद्धान्त को व्यावहारिक रूप देने के लिए महात्मा गाँधी

त्रिआयामी योजना प्रस्तावित करते हैं। वह पूँजीपतियों से तो आग्रह करते ही हैं कि वे इसे स्वीकार कर अपने पाप का प्रायश्चित करें; लेकिन साथ ही वह श्रमिकों और राज्य को भी अपनी भूमिका निबाहने का निर्देश देते हैं। शिक्षण ही नहीं, अहिंसक असहयोग और सविनय अवज्ञा भी गाँधी-दृष्टि में दो सही और अचूक उपाय हैं। गाँधी जी श्रमिकों से अनुरोध करते हैं कि यदि मालिक अभिभावकों की तरह व्यवहार करने को उद्यत न हों तो उन्हें मालिकों के प्रति असहयोग और सविनय अवज्ञा का सहारा ले लेना चाहिए।[45]

गाँधी जी श्रमिकों के साथ राज्य से भी आग्रह करते हैं कि यदि पूँजीपति न्यासिता के लिए स्वेच्छापूर्वक तैयार न हों तो "हमें राज्य के ज़रिये न्यूनतम हिंसा का प्रयोग करते हुए उन्हें उनकी सम्पत्ति से वंचित करना होगा।"[46] राज्य द्वारा क़ानून बनाकर न्यासिता के सिद्धान्त को लागू करने के उद्देश्य से एक 'सरल और व्यावहारिक न्यासिता सूत्र' प्रो. एम.एच. दाँतवाला द्वारा तैयार किया जा कर किशोरलाल मशरुवाला तथा नरहरि पारिख द्वारा गाँधी जी के सम्मुख प्रस्तुत किया गया था, जिसे किंचित संशोधनों के साथ गाँधी जी ने अपनी स्वीकृति दे दी थी। इसमें कुल छह बिन्दु थे, जिसमें मुख्य बात यह थी कि निजी स्वामित्व के अधिकार को पूरी तरह ख़ारिज कर दिया गया था—समाज द्वारा अपने कल्याण के लिए अनुमति दिए जाने पर ही निजी स्वामित्व रह सकता था।[47] न्यासिता की व्यावहारिकता पर सवाल उठाने वाले यह भूल जाते हैं कि लोकतंत्र भी प्रकारान्तर से न्यासिता ही है—राजनैतिक न्यासिता—और कुछ बड़े उद्योगों को तो गाँधी जी सीधे राज्य के नियंत्रण में ही रखने के पक्ष में हैं।[48] बड़े कारखानों की आवश्यकता से सम्बन्धित एक सवाल के जवाब में उन्होंने कहा था : "हाँ, लेकिन मैं इतना कहने की हद तक तो समाजवादी हूँ ही कि ऐसे कारखानों का मालिक राष्ट्र हो या जनता की सरकार की ओर से ऐसे कारखाने चलाए जाएँ। उनकी बस्ती नफ़े के लिए नहीं, बल्कि लोगों के भले के लिए हो। लोभ की जगह प्रेम को क़ायम करने का उसका उद्देश्य हो।"[49]

यह उल्लेखनीय है कि लेबो बिट्ज जैसे सोवियतोत्तर मार्क्सवादी भी अब सामाजिक उत्पादन-सम्बन्धों के लिए उत्पादन के साधनों पर सामाजिक नियंत्रण

का प्रस्ताव करते हैं जो राज्य के माध्यम से नहीं बल्कि स्वयं श्रमिकों द्वारा संगठित उत्पादन-प्रणाली का प्रस्ताव है। मेजारोस इस प्रकार की प्रणाली को सहकारी उत्पादक वर्ग—एसोसिएटेड प्रोड्यूसर्स—की संज्ञा देते हैं और गाँधी जी की तरह मानते हैं कि समाजवादी व्यवस्था का विकास ऊपर से नहीं, नीचे से होना चाहिए।[50] क्या 'कम्युनिस्ट मेनीफेस्टो' का 'आल पावर टु दि कम्यून्स' का आदर्श भी लगभग वैसा ही नहीं था, जिसकी भरपूर अनदेखी कथित समाजवादी व्यवस्थाओं द्वारा की गई है।

अहिंसक तकनीकी, अहिंसक उत्पादन-सम्बन्ध और अहिंसक स्वामित्व विकसित करने की अहिंसक प्रक्रिया के दिशा-संकेतों द्वारा महात्मा गाँधी बार-बार हमें स्मरण दिलाते हैं कि हम केवल आर्थिक प्राणी या उपभोक्ता मात्र नहीं हैं और हमारी आर्थिक आवश्यकताएँ न केवल हमारे नैतिक विकास में कहीं भी आड़े नहीं आतीं बल्कि उसमें एक प्रमुख माध्यम बन सकती हैं—यदि हम अपने वास्तविक आत्म को भूलें नहीं।[51]

सन्दर्भ

1. हरिजन, 19 अक्टूबर, 1937, पृ. 292
2. यंग इंडिया, 5 फरवरी, 1925, पृ. 48
3. समुचित तकनीक, ई. एफ. शुमाकर, पृ. 127; राधाकृष्ण प्रकाशन, दिल्ली; 1997
4. वही, पृ. 71
5. यंग इंडिया, 13 अक्टूबर, 1921, पृ. 325
6. वही, 3 सितम्बर 1925, पृ. 398
7. आचार्य, नन्दकिशोर; सभ्यता का विकल्प, पृ. 37-38; वाग्देवी प्रकाशन, बीकानेर; 2012
8. स्पीचेज एंड राइटिंग्स ऑफ महात्मा गाँधी, पृ. 353; जी.ए. नेटसन एंड कम्पनी, मद्रास; 1933
9. आचार्य, कृपलानी; महात्मा गाँधी : जीवन और चिन्तन, पृ. 396; प्रकाशन विभाग, दिल्ली
10. यंग इंडिया, 15 अक्टूबर, 1931, पृ. 310
11. आचार्य, नन्दकिशोर; वही, पृ. 42
12. वही, पृ. 43

13. वही, पृ. 96
14. डिक्सन, डेविड; आल्टरनेटिव टेक्नोलॉजी, पृ. 161; फोंटाना / कॉलिंस, ग्लासगो; 1978
15. कॉमनर, बेरी; दि क्लोजिंग सर्किल : कनफ्रंटिंग दि एनवायरनमेंटल क्राइसिस, पृ. 151; लंदन; 1971
16. फ्राम, एरिक; दि रिवोल्युशन ऑफ होप : टुवाड्र्स ए ह्यूमेनाइज्ड टेक्नोलॉजी, पृ. 40-41; न्यूयार्क; 1968
17. आचार्य, नन्दकिशोर; अहिंसा की संस्कृति, पृ. 89; राजकमल प्रकाशन प्रा. लि.; 2018
18. डिक्सन डेविड; वही, पृ. 26-27
19. वही, पृ. 29
20. आचार्य, नन्दकिशोर; वही, पृ. 90
21. दुबे, श्यामाचरण; विकास का समाजशास्त्र, पृ. 77-78; वाणी प्रकाशन, नई दिल्ली; 1996
22. आचार्य, नन्दकिशोर; संस्कृति की आर्थिकी, पृ. 34; सूर्य प्रकाशन मन्दिर, बीकानेर; 2008
23. हिन्द स्वराज : मूल पाठ और कुछ ऐतिहासिक टिप्पणियाँ, पृ. 209; राष्ट्रीय गाँधी संग्रहालय, नई दिल्ली; 2010
24. यंग इंडिया, 8 दिसम्बर, 1927, पृ. 414
25. हरिजन, 2 नवम्बर, 1934, पृ. 301-2
26. वही, 25 अगस्त, 1946, पृ. 281
27. वही
28. वही, 31 मार्च, 1946, पृ. 58
29. वही, 20 अक्टूबर, 1946, पृ. 363-64
30. यंग इंडिया, 13 अक्टूबर, 1921, पृ. 325
31. हरिजन, 27 जनवरी, 1940, पृ. 428
32. वही, 2 नवम्बर, 1934, पृ. 302
33. वही, 17 नवम्बर, 1946, पृ. 404
34. शुमाकर, ई.एफ.; वही, पृ. 1023
35. वही
36. यंग इंडिया, 15 नवम्बर, 1928, पृ. 381
37. अहिंसा विश्वकोश (सं. नन्दकिशोर आचार्य), पृ. 173-76, 168-69, 216-17; प्राकृत भारती अकादमी, जयपुर; 2014
38. आचार्य, नन्दकिशोर; सभ्यता का विकल्प, पृ. 55; वाग्देवी प्रकाशन, बीकानेर; 2012
39. टैरी, ईगलटन; वाई मार्क्स वाज राइट, पृ. 86; येल यूनिवर्सिटी प्रेस, लंदन; 2011
40. स्पीचेज एंड राइटिंग्स ऑफ महात्मा गाँधी, पृ. 336-44
41. शुमाकर, ई.एफ.; वही, पृ. 182

42. हरिजन, 1 सितम्बर, 1940, पृ. 271-72
43. मेजारोस, इस्तवान; दि चैलेंज एंड बर्डन ऑफ हिस्टोरिकल टाइम, पृ. 159; आकार बुक्स, दिल्ली; 2009
44. हरिजन, 16 दिसम्बर, 1939, पृ. 376
45. वही, 25 अगस्त, 1940, पृ. 260-61
46. दि मॉर्डन रिव्यू, अक्टूबर, 1935, पृ. 412
47. हरिजन, 25 अक्टूबर, 1952, पृ. 301
48. वही, 1 सितम्बर, 1946, पृ. 285
49. हिन्द स्वराज, महादेव भाई की भूमिका
50. मेजारोस; वही, पृ. 75-76
51. आचार्य, नन्दकिशोर; सभ्यता का विकल्प, पृ. 62; वाग्देवी प्रकाशन, बीकानेर; 2012

प्रबुद्ध अराज्यवादी

"राज्य संकेन्द्रित और संगठित रूप में हिंसा का प्रतिनिधित्व करता है। व्यक्ति के पास आत्मा होती है, लेकिन क्योंकि राज्य आत्मा से विहीन तंत्र होता है, इसलिए उसे हिंसा से विरत कभी नहीं किया जा सकता...उसका अस्तित्व ही हिंसा में निहित है।"[1]

राज्य को एक हिंसक संस्था कहने के पीछे महात्मा गाँधी का मन्तव्य हिंसा पर टिकी सम्प्रभुता की अवधारणा से है। राज्य, चाहे उसे चलाने वाले लोकतांत्रिक तरीके से भी चुने गए हों, अपने-आप को हिंसा का एकमात्र वैध अधिकारी मानता है—इसलिए वह 'संकेन्द्रित और संगठित' हिंसा है। राज्य के हिंसा के इस अधिकार को सेना और पुलिस की मदद से संरक्षित और पोषित किया जाता है, जो मूलत: और अन्तत: हिंसा—बल पर टिकी संस्थाएँ होती हैं। इसलिए यह स्वाभाविक ही है कि महात्मा गाँधी की अहिंसा की अवधारणा राज्य को नैतिक संस्था नहीं मान सकती। वह स्पष्ट कहते भी हैं : "लोकतंत्र और हिंसा साथ-साथ नहीं चल सकते। जो राज्य आज नाम के लोकतांत्रिक हैं, उन्हें या तो खुल्लमखुल्ला सर्वसत्तात्मक बन जाना होगा या अगर वे सचमुच लोकतांत्रिक बनना चाहते हैं तो हिम्मत करके अहिंसक रूप धारण करना होगा। यह कहना निन्दापूर्ण है कि अहिंसा पर आचरण केवल व्यक्ति कर सकते हैं, राष्ट्र कभी

नहीं, जो कि व्यक्तियों से ही मिलकर बनते हैं।"[2] एक अन्य स्थल पर वह कहते हैं : "मैं लोकतंत्र और सैन्य भावना को एक-दूसरे का विरोधी मानता हूँ। लोकतांत्रिक व्यक्ति दुनिया के सामने अपने राज्य के शस्त्रों का प्रदर्शन नहीं करता, बल्कि दुनिया के लाभ के लिए उसे अपने राज्य का नैतिक बल उपलब्ध कराता है।"[3]

राजनीतिविदों का एक वर्ग है जो यह मानता है कि राज्य संस्था और उसमें निहित हिंसा की वैधता का प्रयोजन एक विषमतामूलक समाज में वर्गीय हितों अर्थात् स्पष्ट कहें तो सम्पत्तिवानों की रक्षा करना होता है। कार्ल मार्क्स और उनके समर्थक विमर्शकार इसीलिए राज्य को उत्पादन-शक्तियों पर प्रभुत्व रखने वाले वर्ग की संस्था मानते हैं और इसीलिए वर्गहीन समाज के विकास के साथ राज्यविहीन समाज की कल्पना करते हैं। उनके विचारों की प्रेरणा से हुई क्रान्तियों की विडम्बना यही रही कि उन्होंने राज्य की शक्ति को और बढ़ाकर राज्यविहीनता का सपना देखा, जो जाहिर है मूर्त होना सम्भव ही नहीं था, क्योंकि उसकी प्रक्रिया और लक्ष्य एक-दूसरे के विरोधी हो गए।

गाँधी मार्क्सवाद की इस अवधारणा से तो सहमत प्रतीत होते हैं कि राज्य वर्गीय हितों की रक्षा के लिए है। वह मार्क्सवादी पदावली का तो प्रयोग नहीं करते, लेकिन स्पष्ट शब्दों में कह देते हैं : "सादा मकानों के लिए, जिनमें चुराने के वास्ते कुछ भी न हो, पुलिस का बन्दोबस्त करने की ज़रूरत नहीं पड़ती; अमीरों के महलों को डाकुओं से बचाने के लिए भारी पहरे का इन्तज़ाम करना पड़ता है। यही बात विशाल फैक्टरियों पर भी लागू होती है।"[4]

राज्य को अनिवार्यत: 'संकेन्द्रित और संगठित' हिंसा मानने के कारण यह स्वाभाविक ही है कि गाँधी एक ऐसी राजनैतिक व्यवस्था की कल्पना करते हैं, जो दार्शनिक अराज्यवाद की संज्ञा से अभिहित की जा सकती है। लोकतंत्र के आदर्श में विश्वास करते हुए भी वह उसे 'संसदीय लोकतंत्र' की जकड़न से बाहर निकालना चाहते हैं, क्योंकि संसदीय लोकतंत्र भी, अन्ततः, निर्वाचित होने के बावजूद सत्ता का संसद में केन्द्रीकरण करता और हिंसा पर आधारित हो जाता है। इसीलिए वह मानते हैं कि "आदर्श राज्य में कोई राजनैतिक शक्ति

नहीं होती, क्योंकि उसमें कोई राज्य ही नहीं होता।"[5] उनके अनुसार यदि प्रत्येक व्यक्ति अपना शासक स्वयं बन जाए तो किसी राज्य की ज़रूरत ही नहीं रहती। इसे वह क्रॉपोटकिन की भाषा में 'प्रबुद्ध अराज्यत्व'[6] कहते हैं और यही उनका वास्तविक 'स्वराज' है।

अहिंसक राज्य, प्रबुद्ध अराज्यत्व या स्वराज मिली-जुली अवधारणाएँ हैं। क्रॉपोटकिन का अराज्यवाद का सिद्धान्त उनके द्वारा प्रस्तावित 'पारस्परिक सहयोग' के सिद्धान्त पर आधारित है। अपनी पुस्तक 'म्युचुअल एड : ए फेक्टर इन इवोल्युशन' में क्रॉपोटकिन सरकार को जीव-वैज्ञानिक आधार पर एक जैविक प्रवृत्ति के रूप में स्थापित करते हैं तथा मानव-समाज के विकास में उसकी केन्द्रीय भूमिका मानते हैं। यह उल्लेखनीय है कि क्रॉपोटकिन का बोल्शेविकों से मतभेद इसीलिए हुआ कि बोल्शेविक राज्य की शक्ति के सहारे समाजवाद की स्थापना करना चाहते थे, जबकि क्रॉपोटकिन की स्पष्ट मान्यता थी कि यह एक प्रकार का राज्य—पूँजीवाद होगा, जिसमें पूँजीवाद और नौकरशाही दोनों की शक्ति में वृद्धि होगी। उनकी धारणा थी कि केवल विकेन्द्रीकरण और स्थानीय उत्पादन-उपभोग के माध्यम में ही समाजवाद सम्भव है। एक गैर-पूँजीवादी आर्थिकी का तात्पर्य है गैर-सरकारी व्यवस्था।

महात्मा गाँधी के लिए भी स्वराज का तात्पर्य है : "सरकार के नियंत्रण से मुक्त होने का सतत प्रयास—वह सरकार विदेशी हो अथवा राष्ट्रीय।"[7] राज्य अथवा सरकार के नियंत्रण से मुक्ति की बात थोरो भी करते हैं। अपने प्रसिद्ध निबन्ध 'सविनय अवज्ञा' में वह सवाल उठाते हैं : हम पहले मनुष्य हैं या किसी राज्य के नागरिक? क़ानून अधिक महत्त्वपूर्ण है या सत्य? सत्य का निर्णय बहुमत के आधार पर करना चाहिए या अपने अन्त:करण और विवेक के आधार पर? यदि राज्य का निर्णय अन्यायपूर्ण अर्थात् सत्य-विरोधी हो तो हमारा कर्तव्य क्या राज्य के अन्याय से असहयोग करना नहीं है? सवाल यह भी है कि अन्याय को चुपचाप सहन कर लेना क्या उसका सहयोग करना नहीं हो जाता? थोरो का उत्तर स्पष्ट है : "मैं समझता हूँ कि हम पहले मनुष्य हैं और नागरिक बाद में। क़ानून का सम्मान उतना उचित नहीं है, जितना सत्य

का सम्मान।"[8] कोई भी विवेकवान व्यक्ति थोरो के इस उत्तर से असहमत नहीं हो सकता। थोरो भी राज्य को एक आत्माहीन यंत्र मानते हैं, जिसमें व्यक्ति की भूमिका एक पुर्जे से अधिक नहीं है। लेकिन थोरो जानते हैं कि समाज में किसी-न-किसी प्रकार की व्यवस्था आवश्यक है, लेकिन वह ऐसी होनी चाहिए जो व्यक्ति की आत्मा को मुक्त रख सके। इसलिए जब वह कहते हैं कि "वही शासन सर्वोत्तम है जो सबसे कम शासन करता है" तो इस उक्ति की स्वाभाविक परिणति को भी स्वीकार करते हैं कि अन्तत: "आदर्श शासन वही होगा जो बिलकुल शासन नहीं करता।"[9]

महात्मा भी यह मानते हैं कि राजनीतिक शक्ति अपने-आप में कोई लक्ष्य नहीं है, बल्कि वह लोगों की दशा सुधारने का एक साधन है। वह जिस स्थिति को 'प्रबुद्ध अराज्यत्व' कहते हैं, उसमें प्रत्येक व्यक्ति अपना शासक स्वयं होता और उसका स्वशासन किसी अन्य के स्वशासन के लिए बाधा नहीं होता। इसलिए वह थोरो से सहमत होते हुए कहते हैं : "आदर्श राज्य में कोई राजनीतिक शक्ति नहीं होती, क्योंकि उसमें कोई राज्य ही नहीं होता। लेकिन जीवन में आदर्श की उपलब्धि पूरी तरह कभी नहीं हो पाती। इसलिए थोरो की क्लासिकी उक्ति है कि सबसे अच्छी सरकार वह है जो सबसे कम शासन करे।"[10] एक अन्य स्थल पर वह कहते हैं : "यह प्रश्न शेष रहता है कि आदर्श समाज में सरकार नाम की चीज़ होनी चाहिए अथवा नहीं? मैं समझता हूँ कि समाज-व्यवस्था का तात्पर्य ही यही है कि उसमें किसी की भी 'सम्प्रभुता' पर कोई विचारणीय आघात न हो।[11] जोहन गाल्तुंग ने तो हिंसा को परिभाषित करते हुए उसे मानवीय आत्मसिद्धि के मार्ग में आने वाली निवारणीय बाधा कहा है। कार्ल मार्क्स की भी मान्यता यही थी कि प्रत्येक की स्वतंत्रता ही सबकी स्वतंत्रता की अनिवार्य कसौटी है। उसी तर्ज पर कहा जा सकता है कि प्रत्येक की सम्प्रभुता ही सबकी अर्थात् समाज की सम्प्रभुता की वास्तविक कसौटी है। तात्पर्य यह कि प्रत्येक व्यक्ति का अपने 'स्वराज' में रह सकना ही समाज के 'स्वराज' का प्रमाण है। यहाँ इस बात का ध्यान दिलाना आवश्यक होगा कि गाँधी जी के लिए 'स्वराज' का तात्पर्य विदेशी शासन से मुक्ति या संसदीय

लोकतंत्र नहीं है। संसदीय लोकतंत्र को वह एक तात्कालिक लक्ष्य मानते हैं और वह इसलिए कि उसके माध्यम से वास्तविक 'स्वराज' की ओर बढ़ना अधिक सुगम हो सकता है। उनके लिए 'स्वराज' का अर्थ है "सरकारी नियंत्रण से मुक्त होना—चाहे वह नियंत्रण विदेशी सरकार का हो या स्वदेशी सरकार का।" क्योंकि जो राष्ट्र अपना काम राज्य के हस्तक्षेप के बिना ही शान्तिपूर्वक और प्रभावपूर्ण ढंग से कर दिखाता है, उसे ही सच्चे अर्थों में लोकतांत्रिक कहा जा सकता है। 'स्वराज' के बारे में दूसरी बात वह यह कहते हैं कि सच्चा स्वराज थोड़े लोगों द्वारा सत्ता प्राप्त करना नहीं है। वह कहते हैं कि : "हमें इस समय इस बात की चिन्ता करने की आवश्यकता नहीं है। यदि हम आदर्श समाज की स्थापना के लिए कार्य करना जारी रखें तो यह धीरे-धीरे एक ऐसा रूप धारण करती हुई विकसित हो जाएगी, जिससे लोग लाभान्वित हो सकें। यूक्लिड की रेखा की कोई मोटाई नहीं है और अभी तक कोई व्यक्ति ऐसी रेखा खींचने में सफल नहीं हुआ है और न कभी होगा। फिर भी, उस आदर्श रेखा को ध्यान में रखते हुए ही ज्यामिति ने इतनी प्रगति की है। जो इस सन्दर्भ में सही है, वही प्रत्येक आदर्श के लिए सही है।"

प्रूधों को दार्शनिक 'अराज्यवाद का पिता' कहा जाता है, क्योंकि वह पहले विचारक हैं जो स्वयं को अराज्यवादी कहते हैं। वह मानते हैं कि राज्य की उत्पत्ति सम्पत्ति की संस्था में है और 'सब सम्पत्ति चोरी है।' इसलिए वह राज्य के बजाय स्वैच्छिक संस्थाओं की कल्पना करते हैं, जो व्यवस्था को सुचारु रख सकें। महात्मा गाँधी भी ईसा के इस कथन को स्वीकार करते हैं कि एक ऊँट सुई के छेद से गुज़र सकता है लेकिन कोई धनी व्यक्ति स्वर्ग में प्रवेश नहीं कर सकता, क्योंकि पाप के बिना धन-संग्रह सम्भव नहीं है। न्यासिता इसी प्रकार की एक स्वैच्छिक संस्था है, जिसके माध्यम से व्यक्ति स्वेच्छापूर्वक अपनी सम्पत्ति समाज को अर्पित करता है।

लेकिन सवाल यह उठता है कि समाज में, महात्मा गाँधी के आदर्श स्वराज में भी किसी-न-किसी प्रकार की व्यवस्था तो आवश्यक होगी ही—चाहे वह कोई सर्वसत्तासम्पन्न राज्य न भी हो। क्या अराज्यवादी दार्शनिक और स्वयं

महात्मा गाँधी इस समस्या का कोई समाधान प्रस्तुत करते हैं।

क्रॉपोटकिन चाहते थे कि भौगोलिक और कार्यात्मक विकेन्द्रीकरण इस प्रकार किया जाना चाहिए कि स्थानीय और वैयक्तिक पहल को बढ़ावा मिले और प्रत्येक कस्बे और कम्यून तथा क्षेत्रीय संघों में उत्पादकों तथा उपभोक्ताओं के संगठनों के माध्यम से राज्य की शक्ति और कार्यक्षेत्र में निरन्तर कमी होती जाए।[12] फेबियन समाजवादी ग्राहम वैलेस का सुझाव है कि भौगोलिक एवं व्यवसायगत प्रतिनिधित्व के स्थानीय संयोग के माध्यम से एक नए तरह की व्यवस्था विकसित की जा सकती है। कार्ल मार्क्स भी आखिर 'ऑल पावर टू दि कम्यून्स' का लक्ष्य घोषित करते ही हैं। एम.एन. राय का भी प्रस्ताव है कि "लोकतांत्रिक व्यवस्था की मानववादी नींव डालने के इस प्रयास को आर्थिक जीवन के सहकारी पुनर्निर्माण से समन्वित किया जाना चाहिए। इस का परिणाम होगा स्थानीय गणतंत्रों की एक श्रृंखला की रचना, जिसमें प्रत्यक्ष होने के बाद लोकतंत्र वास्तविक होगा तथा स्थानीय संसाधनों के आधार पर नागरिकों की बुद्धिमत्तापूर्ण पहल और सहकारी प्रयासों से आर्थिक समस्याएँ भी सुलझाई जा सकेंगी।"[13] प्रसिद्ध भारतीय स्वतंत्रता सेनानी देशबन्धु चितरंजन दास ने भी यही विचार प्रकट किया था कि "अत्यन्त केन्द्रीकृत संसदीय शासन भारत के आर्थिक, सामाजिक और धार्मिक स्वभाव के विपरीत है।" उनका कहना था कि स्थानीय लघु केन्द्रों का संगठन और उनकी स्वायत्तता प्रान्तीय स्वायत्तता तथा केन्द्रीय उत्तरदायित्व से अधिक महत्त्वपूर्ण है।" सी.आर. दास का मन्तव्य था कि केन्द्रीय सत्ता का वास्तविक कार्य सलाहकार का होना चाहिए तथा उसका नियंत्रण का अवशिष्ट अधिकार विशेष परिस्थिति में उचित रक्षा कवच के अनुसार ही प्रयोग में लाया जाना चाहिए।[14]

संसदीय प्रणाली की गाँधी जी की आलोचना का आधार भी वस्तुत: यही है कि व्यावहारिक रूप से, उन्हीं की शब्दावली में, 'बाँझ' और 'वेश्या' साबित होने के साथ-साथ "एक प्रणाली के रूप में केन्द्रीकरण समाज की अहिंसक संरचना के साथ मेल नहीं खाता।"[15] महात्मा गाँधी लोकतंत्र को परिभाषित करते हुए उसे शासन नहीं सेवा मानते हैं : "सार रूप में, लोकतंत्र का अर्थ होना

चाहिए सभी की आम भलाई के लिए सभी वर्गों के समस्त भौतिक, आर्थिक और आध्यात्मिक संसाधनों के जुटाव की कला और विज्ञान।"[16] यदि इस परिभाषा को स्वराज की उनकी परिभाषा के साथ मिलाकर पढ़ा जाए तो अर्थ होगा 'सभी की आम भलाई के लिए समस्त भौतिक, आर्थिक और आध्यात्मिक संसाधनों के जुटाव की सरकार के नियंत्रण से मुक्त कला और विज्ञान।'

यह तो स्पष्ट ही है कि यह अहिंसा के विज्ञान और विकेन्द्रीकरण की कला के माध्यम से ही सम्भव हो सकता है। लेकिन तब देखना होगा कि विकेन्द्रीकरण का वास्तविक तात्पर्य क्या है। अक्सर हम यह मान लेते हैं कि राज्य की योजनाओं और कार्यक्रमों को स्थानीय संस्थाओं के माध्यम से क्रियान्वित किया जाना विकेन्द्रीकरण है। इसका तात्पर्य यह होता है कि ये सभी संस्थाएँ, सिद्धान्ततः और व्यवहारतः राज्य के नियंत्रण में ही रहती हैं, जो विकेन्द्रीकरण की मूल संकल्पना से मेल नहीं खाता। यदि हम यह मान लेते हैं कि राज्य या संसद एक सर्वोच्च प्रभुसत्तासम्पन्न संस्थान है और सभी प्रकार की क्रियाशीलता अनिवार्यतः उसके अधीन है तो इस बात का कोई वास्तविक महत्त्व नहीं रहता कि कब और किस सीमा तक राज्य अपने कार्यक्रमों और उनको लागू करने के लिए क्या अधिकार स्थानीय संस्थाओं को सौंपता है। विकेन्द्रीकरण का तात्पर्य स्थानीय संस्थाओं को राज्य का एजेंट बनाना नहीं, बल्कि सभी क्रियाशीलताओं को राज्य के नियंत्रण से मुक्त करना है और इसके लिए स्थानीय संस्थाओं की भी इस नियंत्रण से मुक्ति अनिवार्य शर्त है। इसका वास्तविक मतलब है सभी क्रियाशीलताओं का स्थानीय से लेकर व्यापक स्तर पर स्वायत्त और स्वनियंत्रित होना। राज्य का कार्य इतना ही है कि वह इनमें हस्तक्षेप किए बिना उन्हें सक्रिय होने की सुविधा और वातावरण मुहैया करे और कभी किसी गम्भीर टकराव की स्थिति में कुछ निश्चित सिद्धान्तों और मर्यादाओं के आधार पर संकट को सुलझाने में संयोजकीय भूमिका का निर्वाह करे। राज्यविहीन होने का तात्पर्य है राज्य का सम्प्रभु होना नहीं, बल्कि एक समस्तरीय समन्वयक या संयोजक हो जाना।[17]

समस्तरीयता की इस धारणा को महात्मा गाँधी 'महासागरिक वलय'—

ओसिएनिक सर्किल—के रूपक के माध्यम से स्पष्ट करते हैं। इस रूपक को उन्हीं के शब्दों में देखना अधिक उपयोगी होगा : "असंख्य गाँवों से बने इस ढाँचे में एक के बाद एक विस्तारशील किन्तु कभी ऊर्ध्वगामी न होने वाले वलय होंगे। जीवन एक पिरामिड की तरह नहीं होगा, जिसमें आधार को शीर्ष का भार वहन करना पड़ता है, बल्कि एक समुद्री वलय की तरह होगा, जिसके केन्द्र में व्यक्ति होगा, जो सदैव अपने गाँव के लिए मर-मिटने को तैयार होगा, गाँव गाँवों के समूह के वास्ते नष्ट हो जाने के लिए तैयार रहेगा और यह प्रक्रिया वहाँ तक चलती रहेगी, जहाँ सम्पूर्ण एक जीवन का रूप धारण कर लेगा; सभी व्यक्ति इस एक जीवन के अंग होंगे, वे कभी आक्रामक रुख नहीं अपनाएँगे, बल्कि सदा विनम्रता का व्यवहार करेंगे और उस समुद्री वलय के ऐश्वर्य में भागीदार होंगे, जिसकी वे अंगभूत इकाइयाँ हैं। इस समुद्री वलय की बाह्यतम परिधि के पास सभी आन्तरिक परिधि को कुचलने की शक्ति नहीं होगी, बल्कि वह अपने अन्दर की सभी परिधियों को शक्ति प्रदान करेगी और स्वयं उनसे शक्ति प्राप्त करेगी!" गाँधी जी जानते थे कि पूर्णता की एक आदर्शवादी कल्पना के बिना अपूर्णताओं को निरन्तर कम करते जाना सम्भव नहीं है। इसलिए उन्होंने यह जोड़ दिया : "लोग मुझे पलटकर उलाहना दे सकते हैं कि ये सब यूटोपियायी बातें हैं और ज़रा भी विचारणीय नहीं हैं। यदि यूक्लिड के बिन्दु का, भले ही कोई भी मनुष्य उसे काग़ज़ पर न उतार सके, एक अक्षय मूल्य है तो मेरी उपर्युक्त तस्वीर का भी मानव-जाति के लिए मूल्य है।"[18]

इस महासागरीय वलय की परिकल्पना में सम्प्रभुता के किसी एक स्थान पर केन्द्रीकृत होने की सम्भावना नहीं रहती। यह सम्प्रभुता की ऊर्ध्वाधर संरचना भी नहीं है, जो पिरामिडाकार संरचना के रूपक में दिखाई देती है, जिसमें सत्ता धीरे-धीरे एक शीर्ष की ओर जाती है। पिरामिड की संरचना ऊर्ध्वाधर है, जबकि महासागरीय वलय की संरचना क्षैतिज अर्थात् समस्तरीय। महात्मा गाँधी इस संरचना को स्वावलम्बी ग्राम-गणतंत्र के आधार पर विकसित करते हैं, जिसे वह 'ग्राम-स्वराज्य' कहते हैं। ग्राम-शासन की एक रूपरेखा तो वह प्रस्तुत करते हैं, जिसमें प्रतिवर्ष सभी वयस्क ग्रामवासियों द्वारा निर्वाचित पाँच व्यक्तियों की

पंचायत के पास समस्त अधिकार होंगे और "यह पंचायत ही अपने कार्यकाल के दौरान उस गाँव के लिए विधायिका, न्यायपालिका और कार्यपालिका तीनों को समाविष्ट करते हुए अपने कर्तव्यों का निर्वाह करेगी।"[19] लेकिन वलय की अन्य इकाइयों के साथ उसके सम्बन्धों के बारे में वह इतना ही कहते हैं कि बाह्य परिधि आन्तरिक परिधि को कुचलने के बजाय उन्हें शक्ति देगी तथा स्वयं उनसे शक्ति प्राप्त करेगी।

इस सन्दर्भ में डॉ. राममनोहर लोहिया की 'चौखम्भा राज' की अवधारणा पर विचार उपयोगी होगा। 'खम्भा' पद का प्रयोग करने के कारण कुछ लोग इस संरचना को ऊर्ध्वाधर समझने के भ्रम में पड़ सकते हैं। लेकिन डा. लोहिया यहाँ स्पष्टत: समस्तरीय विकेन्द्रीकरण की बात कर रहे हैं, क्योंकि चारों खम्भों स्थानीय, क्षेत्रीय, प्रादेशिक और राष्ट्रीय को समान स्तर पर रखा गया है और कभी एक विश्व-राज्य जैसी कल्पना के मूर्त होने की स्थिति में एक अतिरिक्त खम्भे की कल्पना की गई है।[20] लोहिया प्रस्तावित करते हैं कि इन चारों ही स्तरों पर अपने-अपने क्षेत्राधिकार में क़ानून बनाने, योजनाएँ बनाने-चलाने और कर उगाहने के संवैधानिक अधिकार होंगे और ये एक-दूसरे के अधिकारों का अतिक्रमण नहीं कर पाएँगे। इस अवधारणा को गाँधी जी के मंतव्य के अधिक अनुकूल करने के लिए यह ज़रूरी होगा कि स्वदेशी की धारणा पर आधारित उनकी ग्राम-स्वराज्य की कल्पना को इसका आधार समझा जाए, क्योंकि आर्थिक विकेन्द्रीकरण के साथ अधिकतम सीमा तक एक स्वावलम्बी ग्राम या ग्राम-समूह के बाद बहुत कम बचा रहता है, जिसे लेकर विभिन्न परिधियों में गम्भीर टकराव हो सके।[21] जिस प्रकार गाँधी जी स्वदेशी के आधार पर विकेन्द्रीकृत अर्थ-व्यवस्था और स्वावलम्बी गाँव से शुरू करके कुछ मामलों में ग्राम-समूहों, बीच के छोटे उद्योगों के लिए ट्रस्टीशिप तथा बड़े उद्योगों के लिए राजकीय स्वामित्व की अवधारणा करते हैं, उसी प्रकार राजनीतिक व्यवस्था के क्षेत्र में भी किया जा सकना सम्भव है।

लेकिन यह आश्चर्यजनक लगता है कि सत्य को सर्वोच्च स्थान देने वाले, राज्य को संगठित और संकेन्द्रित हिंसा मानने वाले तथा अपने देशवासियों की

पीड़ाओं से भी अधिक 'मानव-प्रकृति के बर्बरीकरण' से चिन्तित महात्मा गाँधी को संकीर्ण राष्ट्रवाद के घेरे में देखने की कोशिश की जाती है—और कभी-कभी उनके मित्रों द्वारा ही। स्वयं रवीन्द्रनाथ टैगोर असहयोग आन्दोलन में गाँधी के विदेशी माल आदि के बहिष्कार को संकीर्णता मानते हैं। कालिदास नाग को लिखे एक पत्र में वह कहते हैं : "भारत पहुँचने पर मुझे लगा कि गाँधी ने, भले ही उनके उद्‌देश्य उच्च रहे हों, अपने महान आदर्श को भारतीय राजनीति के तंग दायरे में सीमित कर दिया है। मेरा विश्वास रहा है कि देश केवल बाहर से लिए गए विचारों के आधार पर ऊँचा उठ सकता है। किन्तु नेताओं का आग्रह है कि पहले हमारा आदर्श स्वदेश होना चाहिए, तभी विश्व-बन्धुत्व का आदर्श सिद्ध किया जा सकता है।"[22] इसी पत्र में गाँधी जी पर व्यंग्य करते हुए वह लिखते हैं : "किसी दिन ये विचारक कहने लगेंगे कि, जबकि बेचारे पाश्चात्य लोगों के लिए पृथ्वी सूर्य के इर्द-गिर्द घूमती है, ईश्वर के भेजे हुए जनसमुदाय के लिए पृथ्वी वासुकी नाग के फन पर स्थित है।"

स्पष्टतया, यह गाँधी जी के प्रति अन्यायपूर्ण व्यंग्य है, क्योंकि वह तो अपने अहिंसा के सिद्धान्त को भी अधुनातन वैज्ञानिक शोध पर आधारित करते हैं। जिस प्रकार प्रकृति की द्वन्द्वात्मकता को मार्क्सवाद ऐतिहासिक भौतिकवाद का आधार बताता है, उसी प्रकार गाँधी मानते हैं कि जड़ पदार्थों में व्याप्त संसंजक बल मानवीय जीवन में प्रेम में बदल जाता है : "वैज्ञानिक बताते हैं कि जिन अणुओं से मिलकर हमारी पृथ्वी की रचना हुई है, उनके बीच यदि संसंजक या संसक्तिशील बल न हो तो पृथ्वी खंड-खंड हो जाएगी और हमारा अस्तित्व समाप्त हो जाएगा; और जिस प्रकार जड़ पदार्थों में संसंजक बल है, उसी प्रकार सब चेतन पदार्थों में भी यह बल उपस्थित होना चाहिए, और चेतन पदार्थों में इस संसक्तिशील बल का नाम है प्रेम।"[23] स्मरणीय यह भी है कि गाँधी विज्ञान के नहीं बल्कि उस मशीनीकरण के विरोधी हैं जो उद्योगवाद और विशाल पैमाने के उत्पादन का आधार है तथा जो "श्रमिकों को विस्थापित करके उन्हें बेरोज़गार बना देती है।"[24] टैगोर स्वयं यह मानते हैं कि पाश्चात्य शासन ने भारत के गाँव-गाँव में व्याप्त " 'सामाजिक स्वराज' को नष्ट कर

दिया।"[25] चरखे और ग्रामोद्योगों की सहायता से गाँधी उसी 'सामाजिक स्वराज' का आर्थिक आधार तैयार करना चाहते हैं, जो स्वयं टैगोर का उद्‌देश्य रहा है। गाँधी के आन्दोलन को ब्रिटेन के शासन से अधिक 'पाश्चात्य सभ्यता का विरोधी'[26] मानने वाले टैगोर 1941 के अपने व्याख्यान 'सभ्यता का संकट' में कहते हैं : "यह विदेशी सभ्यता—यदि इसे सभ्यता कहा जाए—हमसे क्या कुछ छीन चुकी है, हम जानते हैं...पाश्चात्य जातियों को अपनी सभ्यता पर जो गर्व है, उसके प्रति श्रद्धा रखना अब असम्भव हो गया है। वह सभ्यता हमें अपना शक्ति-रूप दिखा चुकी है, लेकिन मुक्ति-रूप नहीं दिखा सकी। मनुष्य का मनुष्य के साथ वह सम्बन्ध, जो सबसे अधिक मूल्यवान है और जिसे वास्तव में सभ्यता कहा जा सकता है, यहाँ नहीं मिलता।"[27] तो यही बात तो गाँधी भी कह रहे थे, जिनके लिए सभ्यता का अर्थ ही 'सदाचार' है। इसी व्याख्यान में टैगोर आगे कहते हैं : "जीवन के प्रथम भाग में मेरा विश्वास था कि सभ्यता दान ही यूरोप की आन्तरिक सम्पत्ति है। आज जब जीवन से विदा होने का दिन समीप आ रहा है, मेरे इस विश्वास का दिवाला निकल चुका है।"[28] वह अब पूर्वी सभ्यता से ही 'परित्राता' के आने की उम्मीद करते हैं।

गाँधी पर संकीर्ण राष्ट्रवाद का आरोप लगाने वाले बड़े आराम से इस बात की अनदेखी कर देते हैं कि जो विचारक आधुनिक 'राष्ट्र-राज्य' की अवधारणा से ही सहमत नहीं, उसे उन राष्ट्रवादियों की पंक्ति में कैसे रखा जा सकता है, जो अन्य राष्ट्रों की क़ीमत पर अपने राष्ट्र के लाभ को स्वीकार करने में तनिक भी नहीं सकुचाते। गाँधी तो उन विचारकों में हैं जो विश्व-कल्याण के लिए अपने राष्ट्र के बलिदान तक के लिए सहर्ष प्रस्तुत हो जाते हैं : "...देश के लिए स्वतंत्र होना इसलिए आवश्यक है कि यदि आवश्यकता हो तो वह विश्व के हित के लिए स्वयं को न्यौछावर कर सके। अत: राष्ट्रीयता के प्रति मेरा प्रेम अथवा राष्ट्रीयता की मेरी धारणा यह है कि मेरा देश स्वतंत्र हो ताकि अगर आवश्यकता पड़े तो मानव-जाति के अस्तित्व की रक्षा के लिए वह स्वयं को होम कर सके। इस धारणा में प्रजातीय घृणा का कोई स्थान नहीं है। यही हमारी राष्ट्रीयता की भावना होनी चाहिए।"[29] महात्मा गाँधी सम्पूर्ण विश्व

को एक मानव-शरीर की भाँति मानते हुए कहते हैं कि "एक अंग में पीड़ा होने पर उसकी अनुभूति पूरे शरीर को होती है। एक अंग में सड़न पैदा होने पर अनिवार्यत: सम्पूर्ण शरीर में विष फैल जाता है।"[30] एशिया सम्मेलन को भेजे गए अपने सन्देश में उन्होंने कहा : "मुझे आशा है कि...विभिन्न एशियाई देशों के सभी प्रतिनिधि केवल 'एक विश्व' के सपने को साकार करने के लिए भरसक प्रयास करेंगे। उन्हें इस आदर्श की प्राप्ति के लिए उपाय और साधन खोजने होंगे। यदि आप दृढ़ संकल्प से काम करेंगे तो इसमें कोई सन्देह नहीं है कि हम इस सपने को अपनी पीढ़ी में ही सच कर दिखाएँगे।" वह तो यहाँ तक कह देते हैं कि "अगर दुनिया को एक नहीं होना है तो मैं इसमें रहना नहीं चाहूँगा। मैं निश्चित रूप से यह चाहता हूँ कि यह सपना मेरे जीवन-काल में ही सच हो जाए।"[31] दरअसल, महात्मा गाँधी यह मानते प्रतीत होते हैं कि अन्तर्राष्ट्रीयता की भावना का विकास राष्ट्रीयता से गुज़रकर ही हो सकता है। एक राष्ट्र के रूप में जुड़े बिना हम एक समाज के रूप में अन्तर्राष्ट्रीयता के विकास में प्रभावी सहयोग नहीं कर सकते। वह कहते भी हैं : "अन्तर्राष्ट्रवाद तभी सम्भव है जब राष्ट्रवाद अस्तित्व में आ जाए, अर्थात् जब भिन्न-भिन्न देशों के लोग संगठित हों। वे एक व्यक्ति की तरह काम करने योग्य बन जाएँ। राष्ट्रवाद बुरी चीज़ नहीं है, बुरी है संकुचित वृत्ति, स्वार्थपरता और एकान्तिकता जो आधुनिक राष्ट्रों के विनाश के लिए उत्तरदायी है। इनमें से प्रत्येक राष्ट्र दूसरे की क़ीमत पर, उसे नष्ट करके, उन्नति करना चाहता है। भारतीय राष्ट्रवाद ने एक भिन्न मार्ग चुना है। वह समूची मानवता के हित तथा उसकी सेवा के लिए स्वयं को संगठित करना यानी पूर्ण आत्माभिव्यक्ति की स्थिति को प्राप्त करना चाहता है।"[32] यह राष्ट्रीयता की अन्तर्राष्ट्रीयता की ओर विकास-यात्रा है। विकासवाद के सिद्धान्तकार डार्विन भी अपनी पुस्तक 'डिसेंट ऑफ मैन'—मानव का अवतरण—में लगभग यही बात कहते हैं : "ज्यों-ज्यों मनुष्य सभ्यता में उन्नति करता जाता है और छोटी-छोटी जातियाँ बड़े-बड़े समुदायों में संगठित होती जाती हैं, त्यों-त्यों प्रत्येक व्यक्ति को यह बात समझ आती जाती है कि उसे अपनी सहज प्रवृत्तियों और संवेदनाओं का विस्तार अपने राष्ट्र के सब सदस्यों

तक कर लेना चाहिए, भले ही वे सदस्य व्यक्तिगत रूप से उससे परिचित न भी हों। जब एक बार यह स्थिति आ जाएगी, तब उसकी संवेदनाओं का सब राष्ट्रों और जातियों के मनुष्यों तक विस्तार होने में केवल एक ही कृत्रिम बाधा बच रहेगी।" इस पर डॉ. सर्वपल्ली राधाकृष्णन की टिप्पणी है : "सभ्यता में प्रगति की एक मानी हुई पहचान समूह की सीमाओं का क्रमश: विस्तार होते जाना ही है।"[33]

इस लक्ष्य को महात्मा गाँधी निरन्तर ध्यान में रखते हैं। इसीलिए वह मानते हैं कि "राष्ट्रभक्ति की मेरी धारणा निरर्थक है यदि सम्पूर्ण मानवता की अधिकतम भलाई के साथ इसकी निरपवाद रूप से पूरी-पूरी संगति न हो।"[34] उनका पूरा विश्वास है कि उनके तरीके मूलत: पूरे अन्तर्राष्ट्रीय समुदाय के लिए उपयोगी हैं, पर यह उनकी सीमा है कि उनके प्रयोग पृथ्वी के एक खंड तक ही सीमित रह सके हैं—जो शायद सभी व्यावहारिक प्रयोगों की सीमा है—लेकिन "जो चीज़ एक खंड के लिए सही है, वह सम्पूर्ण इकाई के लिए भी सही है।"[35]

सवाल यह भी है कि क्या कोई संकीर्ण राष्ट्रवादी अहिंसा या प्रेम के सिद्धान्त के आधार पर अन्तर्राष्ट्रीय समस्याओं को सुलझाने के लिए भी सैनिक बल की जगह प्रेमपूर्ण असहयोग के रास्ते का आग्रह करेगा! यह मानते हुए भी कि शायद अन्तर्राष्ट्रीय मामलों में प्रेम के नियम को मान्यता मिलने में अभी काफ़ी समय लगे, वह आशान्वित है कि राष्ट्रों के आपसी झगड़ों में भी सेना की अपेक्षा आर्थिक असहयोग का तरीका अधिक निर्णायक और शक्तिशाली है। वह मानते हैं कि अन्तर्राष्ट्रीय शान्ति तब तक स्थापित नहीं हो सकती "जब तक बड़े राष्ट्र आत्मा का नाश करने वाली प्रतियोगिता, आवश्यकताओं के बहुलीकरण और उसके लिए अपनी भौतिक सम्पत्ति में वृद्धि करने में विश्वास करना बन्द नहीं कर देते।" इस प्रकार गाँधी जी भारत की गुलामी और विश्व-अशान्ति दोनों को आधुनिक औद्योगिक सभ्यता का परिणाम मानते हैं और उसी के परित्याग में दोनों की समस्याओं का निवारण। कह सकते हैं कि गाँधी जी का तात्कालिक सन्दर्भ यदि भारत है तो भी उसे वह पूरी सभ्यता के परिप्रेक्ष्य में देखते हैं और जो विकल्प वह प्रस्तुत करते हैं, वही पूरी सभ्यता का भी विकल्प है।[36]

क्या यह विकल्प, यह अहिंसा सैनिक आक्रमण से भी रक्षा कर सकती है? यद्यपि इतिहास में ऐसा कोई उदाहरण नहीं मिलता कि किसी राष्ट्र ने सैनिक आक्रमण के सम्मुख केवल अहिंसक प्रतिरोध का ही सहारा लिया हो, लेकिन गाँधी जी का कहना है कि इसके पीछे यह विश्वास काम करता है कि हम ताक़त के आगे ही घुटने टेकते हैं। वह कहते हैं कि यदि अहिंसक प्रतिरोध के बावजूद आक्रमणकारी को सैनिक सफलता मिल भी जाए, तब भी वह विजित पर शासन तभी कर पाएगा जब उसे उसका सहयोग मिले। यदि विजेता के सम्मुख विजित का सत्याग्रह अर्थात् असहयोग पूरी मज़बूती से चालू रहता है तो सैनिक सफलता भी व्यर्थ हो जाती है। लेकिन इसके लिए सत्याग्रह में अविचलित आस्था और अद्भुत धैर्य की ज़रूरत होती है। गाँधी जी का तर्क है कि आस्था और धैर्य यदि व्यक्तियों या व्यक्ति-समूहों में कई बार देखने को मिले हैं तो कोई कारण नहीं कि राष्ट्रों में इस सामर्थ्य का विकास न हो सके—यद्यपि वह स्वीकार करते हैं कि यह असम्भव न होते हुए भी अत्यन्त कठिन है। इसीलिए वह मानते हैं कि "यदि हम बलिदान के लिए पूरी तरह तैयार न हों तो 'आत्मरक्षा' या अरक्षितों की रक्षा के लिए की गई हिंसा कायरतापूर्ण आत्मसमर्पण की तुलना में कहीं बेहतर वीरतापूर्ण कार्य है।"[37] इसलिए उन्होंने अहिंसक प्रतिरोध में समर्थ न होने वाले अबीसिनियाइयों, स्पेनियों, चैकों, चीनियों और पोलैंडवासियों की सफलता की कामना की थी। म्यूनिख समझौते पर टिप्पणी करते हुए उन्होंने क्षुब्ध होकर कहा था कि 'एक सप्ताह की शान्ति के लिए यूरोप ने अपनी आत्मा को बेच दिया है' क्योंकि वह यह समझ रहे थे कि समझौता करने वालों का विश्वास शान्ति और अहिंसा में नहीं है। लेकिन आत्मरक्षा के लिए की जाने वाली हिंसा को भी गाँधी जी संयम में ही रखना चाहते थे। वह कहते हैं : "यदि आप में अहिंसा के मार्ग पर चलने की बहादुरी नहीं है तो आप घूँसे का जवाब घूँसे से दे सकते हैं। लेकिन हिंसा के प्रयोग की भी एक नैतिक संहिता है।"[38] स्पष्ट है कि किसी अपरिहार्य स्थिति में हिंसा को अनिच्छापूर्वक स्वीकार करने पर भी गाँधी जी उसे 'प्रेम के नियम' से संयमित रखना चाहते हैं।

क्या ऐसे विचारक को संकीर्ण अर्थों में राष्ट्रवादी कहा जा सकता है? यदि

किसी भाषिक विवशतावश स्वतंत्रता संग्राम को, गुलामी के बन्धन से मुक्त होने के प्रयास को राष्ट्रवाद कहा भी जाए तो गाँधी का यह राष्ट्रवाद उनके अन्तर्राष्ट्रवाद की ही स्वस्थ पीठिका है, जिसका विस्तार आगे चलकर डॉ. लोहिया और विनोबा के चिन्तन में होता है।

सन्दर्भ

1. मॉडर्न रिव्यू, अक्टूबर, 1935, पृ. 412
2. हरिजन, 12 नवम्बर, 1938, पृ. 328
3. वही, 13 जुलाई, 1947, पृ. 233
4. वही, 30 दिसम्बर, 1939, पृ. 391
5. यंग इंडिया, 2 जुलाई, 1931, पृ. 162
6. वही
7. वही, 6 अगस्त, 1925, पृ. 276
8. थोरो, पथ की खोज, पृ. 343, राजपाल एंड सन्ज, दिल्ली, 1963
9. वही, पृ. 341
10. यंग इंडिया, वही
11. हरिजन, 15 सितम्बर, 1946, पृ. 309
12. गाँगुली, बी.एन.; गाँधीज सोशल फिलॉसफी, पृ. 166, विकास पब्लिशिंग हाउस प्रा. लि. दिल्ली, 1973
13. राय, एम.एन.; नव मानववाद, पृ. 87; वाग्देवी प्रकाशन, बीकानेर; 1998
14. गाँगुली; वही, पृ. 168
15. हरिजन, 18 जनवरी, 1942, पृ. 6
16. वही, 27 मई, 1939, पृ. 143
17. आचार्य, नन्दकिशोर; सभ्यता का विकल्प, पृ. 80; वाग्देवी प्रकाशन, बीकानेर; 2012
18. हरिजन, 28 जुलाई, 1946, पृ. 236
19. कलेक्टेड वर्क्स ऑफ महात्मा गाँधी, पृ. 308-09
20. वर्मा, लक्ष्मीकान्त; समाजवादी दर्शन और डॉ. लोहिया, पृ. 175-76; सूचना एवं जनसम्पर्क विभाग, उ.प्र. लखनऊ; 1991
21. आचार्य, नन्दकिशोर; सभ्यता का विकल्प, पृ. 82; वाग्देवी प्रकाशन, बीकानेर; 2012
22. रोमैं रोलॉ का भारत, पृ. 30 पर उद्धृत; पूर्वोदय प्रकाशन प्रा. लि. दिल्ली; 1984
23. यंग इंडिया, 5 मई, 1920, पृ. 7
24. हरिजन, 15 सितम्बर, 1946, पृ. 301
25. टैगोर, रवीन्द्रनाथ; रवीन्द्रनाथ के निबन्ध-भाग एक, पृ. 507; साहित्य अकादमी, नई

दिल्ली; 1990

26. रोमैं रोलॉ का भारत, पृ. 29, वही
27. रवीन्द्रनाथ के निबन्ध, पृ. 543, वही
28. वही, पृ. 544
29. गाँधी जी इन इंडियन विलेजेज : महादेव देसाई, पृ. 171; एस. गणेशन, मद्रास; 1927
30. हरिजन, 26 मई, 1946, पृ. 162
31. वही, 20 अप्रैल, 1947, पृ. 109
32. यंग इंडिया, 18 जून, 1925, पृ. 211
33. राधाकृष्णन, सर्वपल्ली; धर्म और समाज, पृ. 10-11; राजपाल एंड संस, दिल्ली; 1963
34. यंग इंडिया, 4 अप्रैल, 1929, पृ. 107
35. वही, 17 सितम्बर, 1925, पृ. 322
36. आचार्य, नन्दकिशोर; सभ्यता का विकल्प, पृ. 84; वाग्देवी प्रकाशन, बीकानेर; 2012
37. हरिजन, 27 अक्टूबर, 1946, पृ. 369-70
38. वही, 17 नवम्बर, 1946, पृ. 402

सामाजिक विद्रोही

महात्मा गाँधी के चिन्तन में पारम्परिक पदावली के इस्तेमाल के कारण कई बार उनके विचारों को सही परिप्रेक्ष्य में समझने में कुछ उलझन होने लगती है। उदाहरणार्थ, जब वह 'रामराज्य' या 'धर्म और राजनीति' के सम्बन्ध की बात करते हैं तो इस पदावली की गाँधी जी की अपनी व्याख्या की अनदेखी करते हुए उसे रूढ़ संकीर्ण अर्थों में लिया जाता है, जबकि उनका स्पष्ट तात्पर्य 'न्यायपूर्ण' शासन तथा राजनीति को नैतिक सिद्धान्तों से नियंत्रित करने का है। सामाजिक संगठन के सिलसिले में 'वर्णधर्म' पद के प्रयोग के कारण ही गाँधी जी को जाति-प्रथा और उससे जुड़ी विकृतियों का भी समर्थक मान लिया जाता है। डॉ. अम्बेडकर 'वर्ण धर्म' को ही अस्पृश्यता का मूल समझते थे और इसलिए उसके मिटने में ही दलित वर्ग के समान अधिकारों की सम्भावना देखते थे। जस्टिस पार्टी के लोग भी वर्ण-धर्म को लेकर गाँधी जी के विचारों को रहस्यवादी मानते हुए यह स्वीकार नहीं कर पाते थे कि वर्ण-धर्म के रहते हुए हिन्दू समाज में कोई न्यायपूर्ण व्यवस्था सम्भव हो सकती है। 1927 में इस पार्टी के मुखपत्र 'जस्टिस' में लिखा गया था कि "हमें बताया गया है कि महात्मा गाँधी वर्णाश्रम धर्म को श्रेष्ठ संस्था के रूप में देखते हैं और ब्राह्मण धर्म का गुणगान करते हैं। बेशक उन्होंने छुआछूत और बाल विवाह तथा बारह वर्ष से छोटे बच्चों के शोषण जैसी कुछ बुराइयों की तरफ़ इशारा किया और

यह कहा है कि ये ब्राह्मणवाद के मख़ौल हैं। लेकिन यदि ये बुराइयाँ न हों तो वे ब्राह्मणवाद और वर्णाश्रम धर्म को बहुत पसन्द करते हैं। हमें महात्मा गाँधी के दृष्टिकोण में पर्याप्त मात्रा में मौजूद रहस्यवाद को अवश्य स्वीकार करना होगा। क्या यह सुझाया जा रहा है कि दलित वर्गों से स्पृश्य जैसा व्यवहार करके और जो विशेषाधिकार (यदि उन्हें विशेषाधिकार कहा जा सके) ब्राह्मणों को प्राप्त है, उन्हें वही विशेषाधिकार देकर छुआछूत को समाप्त किया जा सकता है?" आज भी एक बौद्धिक वर्ग है जो गाँधी जी के वर्णधर्म सम्बन्धी विचारों को सामाजिक रूढ़िवाद के रूप में प्रस्तुत करते हैं। इसलिए यह ज़रूरी हो जाता है कि इस सम्बन्ध में समय-समय पर व्यक्त गाँधी जी के विचारों को उनकी समग्रतामूलक दृष्टि के अन्तर्गत एक सूत्र में व्यवस्थित कर समझने का प्रयास किया जाए।

जीवन में अहिंसा को केन्द्रीय स्थान देने के कारण गाँधी जी निश्चय ही ऐसी किसी प्रथा या अवधारणा को स्वीकार ही नहीं कर सकते थे, जो किसी भी प्रकार के शोषण, दमन या उत्पीड़न तथा विषमता को बढ़ावा देती हो। इसलिए जब कभी वह वर्ण की अवधारणा की बात करते हैं तो सभी प्रकार के ऊँच-नीच और भेदभाव से रहित एक ऐसी आर्थिक-सामाजिक अवधारणा के रूप में करते हैं, जिससे लोगों को अपने जन्मजात नैसर्गिक गुणों के विकास का पूरा अवसर मिले तथा समाज में व्यर्थ प्रतिद्वन्द्विता का आवेश न पैदा हो।

महात्मा गाँधी सबसे पहले वर्ण-धर्म के अर्थशास्त्रीय महत्त्व को समझने का प्रयास करते हुए कहते हैं : "आर्थिक दृष्टि से इसका महत्त्व कभी बहुत महान था। इससे पैतृक व्यवसाय सुरक्षित हो गए, प्रतिद्वन्द्विता सीमित रही। दरिद्रता के ख़िलाफ़ यह सर्वश्रेष्ठ उपाय था। और इसमें व्यापारिक श्रेणियों के सभी लाभ थे।"[1] लेकिन गाँधी इस विभाजन में किसी भी प्रकार के उच्चावच क्रम को स्वीकार नहीं करते और न उनके बीच खान-पान या वैवाहिक सम्बन्धों पर किसी रोक की अनुमति देते हैं। 1931 में 'यंग इंडिया' में ही अपने दृष्टिकोण को और स्पष्ट करते हुए उन्होंने लिखा : "मैं पैतृक व्यवसायों पर आधारित वर्ण में विश्वास करता हूँ। चार वर्ण चार सार्वभौमिक व्यवसायों

को सूचित करते हैं। विद्यादान, अरक्षित की रक्षा, खेती और व्यापार तथा शारीरिक श्रम के माध्यम से सेवा। ये व्यवसाय सम्पूर्ण मनुष्य जाति में पाए जाते हैं, लेकिन हिन्दू धर्म ने उन्हें हमारे अस्तित्व की विधि की तरह स्वीकार कर उनका उपयोग सामाजिक सम्बन्धों और व्यवहार को निरूपित करने में किया। लेकिन जब हिन्दू जड़ हो गए तो वर्ण के दुरुपयोग से असंख्य जातियाँ पैदा हो गईं, जिन पर खान-पान और विवाह के अनावश्यक और नुक़सानदेह प्रतिबन्ध थे। विभिन्न वर्णों के लोग अन्तर्वर्णीय खान-पान और विवाह कर सकते हैं। इस तरह के प्रतिबन्ध शुद्धता और स्वास्थ्य की दृष्टि से ज़रूरी होते होंगे, लेकिन एक शूद्र से विवाह करने वाला ब्राह्मण या ब्राह्मण से विवाह करने वाला शूद्र वर्ण-धर्म का कतई उल्लंघन नहीं करता।"[2]

महात्मा गाँधी उच्चावच भाव को वर्ण-धर्म में आ गई विकृति मानते हुए स्वीकार करते हैं कि इस भाव से मुक्त होने पर ही इस व्यवस्था की वास्तविक शुद्धि हो सकती है। इसीलिए वह लिखते हैं : "अस्पृश्यता पर आक्रमण वास्तव में इस ऊँच-नीचवाद पर आक्रमण है। अस्पृश्यता के समाप्त होते ही जातिप्रथा का शुद्धिकरण हो जाएगा और तब यह मेरे सपनों के अनुसार वास्तविक वर्ण-धर्म अर्थात् समाज के ऐसे चार विभागों में स्थापित हो जाएगा जो एक-दूसरे के पूरक हैं और उनमें कोई एक-दूजे से ऊँचा या नीचा नहीं है। प्रत्येक का हिन्दू समाज की समग्र देह के लिए समान महत्त्व है।"[3] स्पष्ट है कि गाँधी जी वर्ण-व्यवस्था को भी ऊर्ध्वाधर नहीं बल्कि समस्तरीय संरचना की तरह देखते हैं—पिरामिडाकार नहीं, सागरीय वलय की तरह।[4]

जातिप्रथा के वर्तमान स्वरूप के तीन मुख्य आधार हैं—विवाह, खानपान और उच्चावच क्रम। उपर्युक्त उद्धरणों से यह स्वत: प्रमाणित हो जाता है कि गाँधी जी इन तीनों में से किसी को स्वीकार नहीं करते, बल्कि वह इन्हें समाज के लिए अनावश्यक और हानिकर मानते हैं। समाज को जातियों-उपजातियों में बाँटा जाना भी वह एक विकृति ही मानते हैं, जबकि ये बहुसंख्यक जातियाँ-उपजातियाँ भी वर्तमान जाति-व्यवस्था का एक मुख्य विभेदक आधार है। महात्मा गाँधी वर्तमान में किसी भी तरह के वर्ण-विभाजन को अवास्तविक मानते हुए स्पष्ट

घोषणा कर देते हैं : "आज ब्राह्मण, क्षत्रिय, वैश्य और शूद्र केवल लेबल हैं। जहाँ तक मैं समझता हूँ वर्ण को लेकर पूर्ण भ्रम फैला हुआ है और मैं चाहता हूँ कि सभी हिन्दू स्वेच्छापूर्वक अपने को शूद्र घोषित कर दें।"[5]

कुछ स्मृतियों आदि के हवाले से यह आपत्ति की जा सकती है कि गाँधी जी की यह व्याख्या शास्त्रसम्मत नहीं है। लेकिन गाँधी जी की दृष्टि इस मामले में पूरी तरह स्पष्ट है। हिन्दू शास्त्रों का जिक्र करते हुए वह साफ़ कहते हैं : "हिन्दू शास्त्रों में मेरा विश्वास उनके प्रत्येक शब्द और प्रत्येक श्लोक को दैवी प्रेरणा से रचित मानने को मुझे बाध्य नहीं करता...चाहे कितनी भी पांडित्यपूर्ण क्यों न हो, मैं ऐसी किसी भी व्याख्या से बद्ध होने से इनकार करता हूँ जो विवेक और नैतिक बोध के प्रतिकूल हो।"[6] अपनी बात को और स्पष्ट करते हुए एक स्थल पर वह कहते हैं कि निज का अनुभव ही अन्तिम पथ-प्रदर्शक होना चाहिए क्योंकि "लिखित शब्द निस्सन्देह हमारी सहायता करता है, पर उसे भी व्याख्या की ज़रूरत होती है और जब व्याख्याएँ परस्पर विरोधी हों तो अन्वेषक ही वास्तविक निर्णायक होता है।"[7]

यहाँ यह उल्लेखनीय है कि अधिकांश आधुनिक विद्वान वर्ण को जन्माधारित जाति न मानकर गुण कर्म पर आधारित व्यवस्था ही मानते हैं, जिसमें पारस्परिक खान-पान और वैवाहिक सम्बन्धों पर कोई प्रतिबन्ध नहीं है। जन्माधारित जाति-उपजाति को वे ऐतिहासिक प्रवाह में आ गई विकृति ही मानते हैं। इरावती कर्वे ने दिखाया है कि वर्ण और जाति अलग-अलग हैं। वह इस ओर हमारा ध्यान आकर्षित करती हैं कि प्राचीनतम संस्कृत साहित्य में केवल वर्ण का उल्लेख है, जाति का नहीं। उत्तरवर्ती संस्कृत, पालि, प्राकृत आदि के साहित्य में भी वर्ण और जाति दोनों का अलग उल्लेख मिलता है तथा 'जाति' शब्द का इस्तेमाल जन्मजात सामाजिक प्रतिष्ठा दर्शाने के लिए हुआ है। मनु ने अवश्य जाति को वर्ण में फिट करने का प्रयत्न किया है।[8] सेनार्ट का कहना है कि वर्ण को जाति नहीं माना जाना चाहिए। वह कहते हैं कि उत्तरवर्ती साहित्य में वर्ण के आधार पर जाति की व्याख्या किए जाने के कारण भ्रान्ति उत्पन्न हुई है, जबकि वस्तुत: जाति के आधार पर वर्ण की व्याख्या का प्रयत्न तर्क-प्रक्रिया को उलट देना

है।[9] पी. प्रभु ने भी महाभारत, शुक्रनीति एवं अन्य संस्कृत ग्रन्थों के आधार पर वर्ण को गुणकर्म पर आधारित माना है, न कि जन्म पर।[10]

वर्ण-धर्म को लेकर गाँधी जी की अवधारणा पर एक और आपत्ति यह भी की जा सकती है कि पैतृक व्यवसाय को आधार मानने के कारण वह एक बड़े समूह को न केवल शारीरिक श्रम से ही स्थायी तौर पर बाँध देते हैं, बल्कि आर्थिक दृष्टि से भी उन्हें अन्य वर्णों की अपेक्षा सदैव अलाभकर स्थिति में ही रखना चाहते हैं। लेकिन गाँधी-दृष्टि को समग्रता में लेने पर इस आपत्ति का निराकरण हो जाता है। पहली बात तो यह कि गाँधी-दृष्टि में शारीरिक श्रम कोई हेय वस्तु नहीं है। गाँधी जी प्रत्येक व्यक्ति के लिए शारीरिक श्रम अनिवार्य मानते हैं—वह श्रम भी, जिसे वर्तमान समाज में हेय माना जाता है। उनके आश्रमों में रहने वालों के लिए केवल शारीरिक श्रम ही नहीं, बल्कि शौचालयों की सफ़ाई भी एक अनिवार्य कर्तव्य था। साथ ही यह भी नहीं भूलना चाहिए कि गाँधी जी मानते थे कि प्रत्येक व्यक्ति को शारीरिक श्रम के माध्यम से ही अपना भोजन प्राप्त करना चाहिए। 'ब्रेड लेबर' के सिद्धान्त में अपनी आस्था प्रकट करते हुए वह कहते हैं : "रोटी के लिए हर एक मनुष्य को मजदूरी करनी चाहिए; शरीर को झुकाना चाहिए, यह ईश्वर का क़ानून है।"[11] इस सिलसिले में वह बोंदारेफ तथा तोलस्तोय का भी हवाला देते हैं : "प्रत्येक स्त्री-पुरुष शरीर से मेहनत करें, इसे आश्रम अपना धर्म समझता है। इस उसूल की जानकारी या सूझबूझ मुझे तोलस्तोय के एक लेख से हुई।" उन्होंने रूस के एक लेखक बोंदारेफ के बारे में लिखते हुए बताया कि 'ब्रेड-लेबर' की ज़रूरत इस युग की बहुत बड़ी खोजों में से एक थी। "इसका मतलब यह है कि हर तन्दुरुस्त आदमी को अपने गुज़ारे के लायक शरीर-श्रम करना ही चाहिए। मनुष्य को अपनी बुद्धि की शक्ति का उपयोग आजीविका प्राप्त करने या उससे भी ज़्यादा प्राप्त करने के लिए नहीं, बल्कि सेवा के लिए, परोपकार के लिए करना चाहिए।"[12] एक स्थल पर तो वह श्रम के बिना रोटी को चोरी की संज्ञा दे देते हैं : "ईश्वर ने मनुष्य की सृष्टि इसलिए की कि वह अपनी रोटी के लिए श्रम करे, और कहा कि जो बिना श्रम किए खाते हैं, वे चोर हैं।"[13] वह 'ब्रेड लेबर' को सामाजिक

समानता का एक प्रभावी माध्यम बताते हुए कहते हैं : "पूँजी और श्रम के बीच विश्वव्यापी संघर्ष है, और गरीब लोग अमीरों से ईर्ष्या करते हैं। यदि सभी लोग रोटी के लिए श्रम करने लगें तो बड़े-छोटे के भेद मिट जाएँगे; अमीर लोग फिर भी रहेंगे, लेकिन वे स्वयं को अपनी सम्पत्ति का केवल न्यासी मानेंगे और उसे प्रमुखत: लोकहित के लिए इस्तेमाल में लाएँगे।"[14] इसलिए शारीरिक श्रम से रोटी कमाने की प्रक्रिया को वह 'मौन क्रान्ति' की प्रक्रिया कहते हैं : "रोटी के लिए श्रम करने के नियम का पालन करने से समाज की संरचना में मौन क्रान्ति होगी। तब जीवन के लिए संघर्ष करने के स्थान पर परस्पर सेवा के लिए संघर्ष करने में मानव की विजय मानी जाएगी और पशु के नियम के स्थान पर मानव के नियम की प्रतिष्ठा होगी।"[15] अन्य कई स्थलों पर भी महात्मा गाँधी शारीरिक श्रम से रोटी कमाने की वांछनीयता पर इसी प्रकार के विचार प्रकट करते हैं। गाँधी-विचार और मुख्यत: गाँधी जी के श्रम सम्बन्धी विचारों का विश्लेषण करते हुए एक अध्येता का यह निष्कर्ष संगत लगता है कि गाँधी जी की अर्थ-व्यवस्था स्वदेशी पर आधारित उत्पादन से बुनियादी ज़रूरतें पूरी करने पर ज़ोर देती है। वह मार्क्स द्वारा प्रतिपादित 'उपयोग-मूल्य' तथा 'विनिमय मूल्य' की अवधारणा का सन्दर्भ लेते हुए कहते हैं : "शरीर-श्रम के जरिये जिस उत्पादन व्यवस्था को जन्म दिया जाता है, वह 'उपयोग मूल्य' में प्रधान होती है अर्थात् जीवन की बुनियादी चीज़ों का उत्पादन प्राथमिकता के आधार पर किया जाए। 'विनिमय मूल्य' प्रधान एवं विलासिता की वस्तुओं एवं सेवाओं का स्थान इस व्यवस्था में प्राथमिकता का नहीं है। यहाँ सन्तुष्टि, उपयोगिता और आनन्द को प्राथमिकता दी जाती है।"[16] इस तरह महात्मा गाँधी का 'ब्रेड लेबर' का सिद्धान्त बहुआयामी प्रयोजन सिद्ध करता है, क्योंकि उसके माध्यम से न केवल श्रम की महत्ता प्रतिपादित होती, बल्कि वह एक नैतिक आर्थिक और सामाजिक समता की प्रक्रिया में विकसित हो जाता है। इसलिए इस आपत्ति का कोई अर्थ नहीं रह जाता कि किसी वर्ण को शारीरिक श्रम से जोड़कर महात्मा गाँधी एक बड़े समूह को सदैव के लिए अलाभकर स्थिति में रख देना चाहते हैं। दरअसल, गाँधी जी जिस विकेन्द्रीकृत और स्वदेशी तकनीक पर आधारित ग्रामोद्योगों की

अर्थव्यवस्था की कल्पना करते हैं, उसमें किसी तरह के आर्थिक शोषण या पूँजी के केन्द्रीकरण की सम्भावना नगण्य हो जाती है।[17]

वर्ण सम्बन्धी अपने रूढ़िगत विचारों तथा अस्पृश्यता-उन्मूलन के अपने उत्साही कार्यक्रमों के कारण महात्मा गाँधी पर कट्टरपन्थियों द्वारा प्राणघातक आक्रमण होना इस बात का प्रमाण है कि गाँधी के कई आलोचक जिन विचारों को रूढ़िवादी कह देते हैं, उन्हीं के कारण महात्मा को अपने प्राण गँवाने पड़ सकते थे, पर वह एक सच्चे क्रान्तिकारी की तरह उनसे कभी भी नहीं डिगे।

गाँधी जी के प्रयत्नों का कुछ सुफल मिलना शुरू हुआ भी था और न केवल कई मन्दिर-तालाब आदि अस्पृश्य कही जाने वाली जातियों के लिए खोल दिए गए, बल्कि जब मुम्बई के सात मन्दिरों में आने वाले सवर्ण भक्तों से दलितों के मन्दिर-प्रवेश के सवाल पर जनमत-संग्रह करवाया गया तो 24797 लोगों ने दलितों के पक्ष में मतदान किया जबकि विरोध करने वालों की संख्या केवल 445 थी। गुरुवेयूर के प्रतिष्ठित मन्दिर को दलितों के लिए खोलने को लेकर हुई रायशुमारी में बहुमत ने प्रस्ताव का समर्थन किया, जबकि जिस ब्रिटिश सरकार से डॉ. अम्बेडकर को बहुत आशा थी, उसी ने मन्दिर के प्रबन्धकों को क़ानूनी संरक्षण प्रदान किया और भविष्य में कभी पूरे देश के लिए एक जैसा क़ानून बनाने का विचार प्रकट कर मसले को टालने में प्रबन्धकों की मदद की; जबकि कांग्रेस ने अपनी सरकारों वाले प्रान्तों में और बाद में आजादी मिलने पर पूरे देश में अस्पृश्यता को क़ानूनी तौर पर मिटाया, क्योंकि 1921 में ही कांग्रेस इसकी घोषणा कर चुकी थी। यह स्मरणीय है कि डॉ. अम्बेडकर को संविधान-प्रारूप समिति का अध्यक्ष बनाए जाने से पूर्व ही अप्रैल 1947 में संविधान सभा अस्पृश्यता को क़ानूनी तौर पर मिटाने की घोषणा कर चुकी थी।

महात्मा गाँधी और डॉ. अम्बेडकर के मतभेद को भी कुछ बढ़ा-चढ़ाकर ही पेश किया जाता रहा। इस बात पर ग़ौर किया जाना चाहिए कि डॉ. अम्बेडकर दलित वर्ग का जो विकास चाहते हैं, गाँधी जी भी न केवल उनका समर्थन करते बल्कि सवर्ण समाज को उन अधिकारों को स्वीकार कर लेने के लिए भावात्मक-नैतिक स्तर पर तैयार करने का प्रयास करते दिखाई देते

हैं। इसे विरोध नहीं कहा जा सकता। यह भी स्पष्ट है कि ऐसा करते हुए वह दलित वर्ग को दया का पात्र नहीं बताते, बल्कि उनकी दृष्टि में दलित वर्ग के उत्थान के लिए किए जाने वाले प्रयास स्वयं सवर्ण समाज के नैतिक अभ्युदय के लिए अनिवार्य हैं। यह सवर्ण समाज का प्रायश्चित है और प्रायश्चित किसी और के लिए नहीं बल्कि अपने पापों के लिए किया जाता है—अपनी आत्मशुद्धि और नैतिक-आध्यात्मिक विकास के लिए। डॉ. अम्बेडकर दलितों के आर्थिक-राजनीतिक सशक्तीकरण और उनमें शिक्षा के प्रसार और क़ानूनी उपायों का आग्रह करते हैं। इन उपायों से गाँधी जी की कोई असहमति नहीं है, लेकिन वह केवल इन्हीं पर आश्रित नहीं रहना चाहते। दोनों इस सन्दर्भ में एक-दूसरे के पूरक कहे जा सकते हैं। असहमति, दरअसल, दलितों के लिए पृथक् निर्वाचक मंडल को लेकर थी, जिसे संविधान का प्रारूप बनाते समय स्वयं बाबा साहब ने भी त्याग दिया।

इसके अतिरिक्त, किसी भी बौद्धिक विमर्श में किसी विचार के विकास की प्रक्रिया को भी समझना होता है। यदि हम ऐसा नहीं करते हैं तो इसका सीधा तात्पर्य यही है कि हमारा प्रयोजन किसी विचार को समझना नहीं, बल्कि किसी राजनैतिक प्रयोजन—स्थूल अर्थ में राजनैतिक प्रयोजन—की सिद्धि करना है। महात्मा गाँधी, यद्यपि प्रारम्भ से ही अस्पृश्यता को मिटाने के प्रयत्न अपने निजी और आश्रम जीवन में करते रहे थे, लेकिन इसे डॉ. अम्बेडकर से अन्त:क्रिया का परिणाम ही मानना चाहिए कि उनके विचारों में और अधिक स्पष्टता तथा प्रयासों में भी तीव्रता आई। यहाँ यह भी उल्लेख्य है कि यदि क़ानूनी सुरक्षा के बावजूद सामाजिक उत्पीड़न और विषमता संविधान लागू होने के इतने वर्षों बाद आज तक भी एक गम्भीर समस्या बनी हुई है, तो यह कहीं इस बात का प्रमाण है कि क़ानूनी प्रावधानों के साथ-साथ गाँधी के उपायों की हृदय-परिवर्तन वाली पूरक प्रक्रिया उनके बाद क़ानून पर अधिक भरोसा करने के कारण शिथिल पड़ती गई है। कह सकते हैं कि राज्य पर अत्यधिक निर्भरता ने गाँधी के अहिंसक और रचनात्मक सामाजिक परिवर्तन की धारा को बाधित कर दिया है। काश, ऐसा न होकर दोनों एक-दूसरे के पूरक हो पाते।

सन्दर्भ

1. यंग इंडिया, 5 जनवरी, 1921, पृ. 2
2. वही, 4 जून, 1931, पृ. 129
3. हरिजन, 11 फरवरी, 1933, पृ. 3
4. आचार्य, नन्दकिशोर; सभ्यता का विकल्प, पृ. 116; वाग्देवी प्रकाशन, बीकानेर; 2012
5. हरिजन, 25 मार्च, 1933, पृ. 3
6. यंग इंडिया, 6 अक्टूबर, 1921, पृ. 22
7. हरिजन, 22 दिसम्बर, 1933, पृ. 3
8. कर्वे, इरावती; हिन्दू सोसाइटी—एन इंटरप्रेटेशन, पृ. 51-57 भारतीय संस्कृति, (गौरीशंकर भट्ट) में उद्धृत, पृ. 174, साहित्य सदन, देहरादून; 1965
9. सेनार्ट, ई; कास्ट इन इंडिया, मेथ्यून, लंदन, 1930
10. प्रभु, पी; हिन्दू सोशल आर्गनाइजेशन, वर्ण से सम्बन्धित अध्याय, पृ. 284-320; पापुलर प्रकाशन, मुम्बई; 2010
11. गाँधी, महात्मा; शरीर-श्रम, पृ. 6, नवजीवन मुद्रणालय, अहमदाबाद; 1973
12. वही, पृ. 9
13. यंग इंडिया, 13 अक्टूबर, 1921, पृ. 325
14. फ्राम यर्वदा मन्दिर, पृ. 35, नवजीवन पब्लिशिंग हाउस, अहमदाबाद; 1957
15. हरिजन, 29 जून, 1935, पृ. 156
16. जोशी, शम्भु; अहिंसक श्रम दर्शन : गाँधी-विचार के सन्दर्भ में, पृ. 86; वाग्देवी प्रकाशन, बीकानेर; 2017
17. आचार्य, नन्दकिशोर; वही, पृ. 117

आध्यात्मिक नारीवादी

सामाजिक जीवन में अहिंसा का वास्तविक तात्पर्य है सभी प्रकार के सामाजिक सम्बन्धों में प्रत्येक व्यक्ति के स्वतंत्र व्यक्तित्व और दृष्टिकोण का सम्मान और नारीवादी विमर्श का केन्द्रीय मूल्य है, स्त्री के अपने स्वतंत्र व्यक्तित्व की प्रतिष्ठा। स्त्री को 'पुरुष-संचालित' रिश्तों के माध्यम से ही हमेशा देखना अर्थात् "स्त्री को माँ, बहन, बेटी इत्यादि ही मानना उसके निजी स्वतंत्र व्यक्तित्व को नकारना है।"[1] इसलिए नारी के स्वतंत्र व्यक्तित्व की प्रतिष्ठा के बिना किसी भी प्रकार के अहिंसक समाज की कल्पना ही नहीं की जा सकती।

महात्मा गाँधी जीवन को मूलत: एक नैतिक साधना मानते हैं—सत्य की साधना—और जीवन का यह प्रयोजन जितना पुरुष के लिए महत्त्वपूर्ण है, उतना ही स्त्री के लिए भी। पुरुष और स्त्री के जीवन-मूल्य भिन्न नहीं हो सकते। यह उल्लेखनीय है कि सामान्यत: आध्यात्मिकता का आग्रह करने वाले विचारकों में स्त्री के स्वतंत्र व्यक्तित्व और अधिकारों को लेकर खुली स्वीकृति कम ही दिखाई देती है। बुद्ध तक ने अपने संघ में स्त्रियों को शामिल करने की अनुमति देते हुए सन्देह प्रकट किया था कि जो संघ हज़ार वर्ष तक चलता, वह अब केवल पाँच सौ वर्ष तक ही चल पाएगा। कबीर तथा अधिकांश मध्यकालीन सन्तों के लिए तो वह नरक का द्वार ही थी।

इस दृष्टि से महात्मा गाँधी का स्त्री-विमर्श विशेष उल्लेखनीय है। भारतीय

समाज में स्त्रियों के सार्वजनिक जीवन में प्रवेश तो महात्मा गाँधी के आन्दोलनों की उल्लेखनीय भूमिका रही ही है; साथ ही एक विचारक के रूप में भी उन्हें एक मुकम्मल नारीवादी कहा जा सकता है। उनके नारीवाद को भी उनकी नैतिक-आध्यात्मिक जीवन-दृष्टि से अलग करके नहीं समझा जा सकता—क्योंकि नैतिकता की उनकी अवधारणा की व्याप्ति में सारा भौतिक जीवन भी समाहित है।

नारी के व्यक्तित्व की प्रतिष्ठा का मूल अपने अस्तित्व पर नारी के अपने सम्पूर्ण अधिकार में है। स्वतंत्र व्यक्तित्व का तात्पर्य है कि उसका अस्तित्व किसी अन्य का उपकरण नहीं है। यही कारण है कि जब महात्मा गाँधी स्त्री के अपने स्वतंत्र व्यक्तित्व का आग्रह करते हैं तो सर्वप्रथम उनका ध्यान इसी बात की ओर जाता है कि उसे उपकरण—टूल—न समझा जाए। स्त्री का उपकरण बनाया जाना ही उसके प्रति हिंसा का मूल कारण है। लेकिन विडम्बना यह है कि स्वयं स्त्री भी अपने को वैसा ही मानने लगी है, जैसे उसके जीवन का प्रयोजन पुरुष-केन्द्रित हो। महात्मा गाँधी के लिए प्राथमिक महत्त्व की बात यह है कि स्त्री इस पुरुष-केन्द्रित जीवन-प्रयोजन की अवधारणा से मुक्त होकर अपने को उपकरण नहीं, बल्कि एक स्वतंत्र अस्तित्व समझे। इसीलिए महात्मा गाँधी कहते हैं : "स्त्री को चाहिए कि वह स्वयं को पुरुष के भोग की वस्तु मानना बन्द कर दे। इसका इलाज पुरुष की अपेक्षा स्वयं स्त्री के हाथों में ज़्यादा है। उसे पुरुष की ख़ातिर, जिसमें पति भी शामिल है, सजने से इनकार कर देना चाहिए। तभी वह पुरुष के साथ बराबर की साझीदार बन सकेगी।"[2] वह स्त्रियों को काम-वासना की पूर्ति का माध्यम मानने वाली पुरुष-मनोवृत्ति की आलोचना करते हुए स्त्रियों से आग्रह करते हैं कि उन्हें इस प्रवृत्ति के विरुद्ध विद्रोह कर देना चाहिए। उन्हीं के शब्दों में : "यदि मैंने स्त्री के रूप में जन्म लिया होता तो मैं पुरुष के इस दावे के ख़िलाफ़ विद्रोह कर देता कि स्त्री उसके मन बहलाव के लिए पैदा हुई है।"[3] वह तो यहाँ तक कह देते हैं कि स्त्री को काम-वासना की पूर्ति का माध्यम बना देने के कारण संसार उसके वास्तविक अवदान से वंचित हो गया है, क्योंकि उसी के कारण स्त्री अपनी अन्तर्निहित

शक्ति का प्रयोग संसार के कल्याण के लिए नहीं कर पाई है। तोलस्तोय के हवाले से गाँधी कहते हैं कि स्त्री पुरुष के सम्मोहन से आक्रान्त कर दी गई है, जबकि वह वस्तुत: पुरुष से श्रेष्ठ है। वह लिखते हैं : "जब स्त्री को पुरुष के बराबर अवसर प्राप्त हो जाएँगे और वह परस्पर सहयोग और सम्बन्ध की शक्तियों का पूरा-पूरा विकास कर लेगी, तो संसार स्त्री-शक्ति या उसकी सम्पूर्ण विलक्षणता और गौरव के साथ परिचय पा सकेगा।"[4]

यही कारण है कि महात्मा गाँधी स्त्री का अपनी देह पर अधिकार इस सीमा तक स्वीकार करते हैं कि यदि पति भी पत्नी के पास केवल काम-वासना की पूर्ति के प्रयोजन से जाए तो पत्नी को उसे मना कर देने का पूरा अधिकार है। वह इसे भी सत्याग्रह का ही एक रूप बताते हुए कहते हैं : "विवाह का आदर्श है शारीरिक सम्मिलन के माध्यम से आध्यात्मिक सम्मिलन की उपलब्धि। विवाह के फलस्वरूप जिस मानव-प्रेम की अवतारणा होती है, वह दिव्य अथवा सार्वभौम प्रेम तक पहुँचने की एक सीढ़ी है।"[5] इसलिए विवाह का वास्तविक प्रयोजन एक-दूसरे के आत्मिक उत्कर्ष में सहयोगी होना है। लेकिन यदि विवाह इस प्रयोजन को पूरा नहीं करता और केवल वासना-पूर्ति का माध्यम बनकर रह जाता है, तो विवाह के वास्तविक प्रयोजन से भटककर वह ऐन्द्रिक सन्तुष्टि मात्र रह जाता है—उसमें से वह प्रेम-तत्व मिट जाता है जो ईश्वर के निकट या आत्मोत्कर्ष अथवा आत्मसिद्धि की ओर ले जाता है। लेकिन यह उल्लेखनीय है कि काम-वासना से ऊपर उठने की बात करते हुए भी गाँधी जी काम-प्रेरित सम्भोग को पाप या कलंक नहीं मानते। वह लिखते हैं : "काम-वासना की तुष्टि के लिए किया गया सम्भोग पशुत्व की ओर प्रत्यावर्तन है, अत: इससे ऊपर उठने का प्रयास करना चाहिए। लेकिन पति-पत्नी यदि ऐसा करने में असफल हो जाएँ तो इसे पाप अथवा कलंक का विषय नहीं माना जा सकता।"[6] गाँधी जी के लिए इसका अर्थ केवल इतना ही है कि पशुत्व से मुक्ति की साधना अधूरी है और उसके लिए अधिक प्रयास की आवश्यकता है। उल्लेखनीय यह है कि महात्मा गाँधी नारी को नरक का द्वार नहीं मानते—जैसा कि कबीर मानते हैं—बल्कि वे पुरुष को काम-वासना के

लिए अधिक ज़िम्मेदार और आक्रामक मानते और नारी को उससे सम्मोहित बताते हैं, क्योंकि पुरुष-प्रधान व्यवस्था के कारण स्त्री अपनी सार्थकता पुरुष में खोजने की आदी बना दी गई है।

बहुत-से मित्रों को इस बात पर दुखद आश्चर्य हो सकता है कि विवाह के आत्मिक उत्कर्ष में बाधा बन जाने पर महात्मा गाँधी विवाह-बन्धन को तोड़ने के अधिकार को भी मान्यता दे देते हैं! विवाह, उनकी दृष्टि में, अनुशासन की एक व्यवस्था है और यदि एक साथी उसे तोड़े तो दूसरे को विवाह-बन्धन को तोड़ने का हक़ मिल जाता है। वह कहते हैं पति-पत्नी उसी ध्येय की पूर्ति के लिए अलग होंगे जिसके लिए वे विवाह-बन्धन में बँधे थे। वह यह भी स्पष्ट कर देते हैं कि यदि तलाक़ ही एकमात्र विकल्प हो तो नैतिक प्रगति में बाधा डालने के बजाय उस विकल्प को अपनाना बेहतर होगा।[7]

महात्मा गाँधी आर्थिक स्तर पर भी स्त्री के आत्मनिर्भर होने के समर्थक हैं। यद्यपि वह गृहस्थी के कर्तव्यों को स्त्री के लिए प्राथमिक मानते हैं, लेकिन साथ ही यह स्पष्ट कर देते हैं कि स्त्रियों को ऐसी किसी क़ानूनी निर्योग्यता का शिकार नहीं बनाया जाना चाहिए जो पुरुष पर लागू नहीं होती।[8] महात्मा गाँधी यह मानते हैं कि हमारे नीति-नियम स्त्रियों के साथ न्याय नहीं करते और इसलिए वह ऐसा प्रस्ताव करते हैं जो संस्कृति के कथित स्वयंभू पहरेदारों को उत्तेजित कर सकता है। वह कहते हैं कि शास्त्रों का सम्पादन करके उन बातों को निकाल देना चाहिए जो स्त्रियों के स्वतंत्र व्यक्तित्व की प्रतिष्ठा तथा उनके आत्मोत्कर्ष में बाधक हो और इसके लिए वह स्वयं स्त्रियों से ही आगे आने का आग्रह करते हैं : "इसके लिए हमें सीता, दमयन्ती और द्रौपदी जैसी निर्मल, दृढ़ और आत्म-नियंत्रित महिलाएँ पैदा करनी होंगी। यदि हम यह कर सकें तो हिन्दू समाज इन आधुनिक बहनों को भी वही आदर देगा जो वह बीते युग की महान देवियों को देता आया है। उनके शब्द भी शास्त्र के समान प्रामाणिक माने जाएँगे। हम अपनी स्मृतियों में उन पर कहीं-कहीं किए गए आक्षेपों के लिए शर्म महसूस करेंगे और जल्दी ही उन्हें भुला देंगे।"[9]

दरअसल, महात्मा गाँधी के अनुसार यदि जीवन एक नैतिक-आध्यात्मिक

साधना है तो स्त्रियों को उन सब बातों को अस्वीकार कर देना चाहिए जो इस नैतिक साधना में बाधक हो। इसके लिए सर्वाधिक अनिवार्य है अपनी स्वतंत्रता और समानता का आग्रह, क्योंकि स्वतंत्रता के बिना नैतिकता का कोई अर्थ नहीं है। नैतिक नियम आत्मोत्कर्ष का माध्यम तभी बनते हैं जब वे आत्मप्रसूत या स्वतंत्र वरण हो, आरोपण नहीं। इसीलिए महात्मा गाँधी स्त्रियों से स्वतंत्रता के दमन के विरुद्ध 'अहिंसक विद्रोह' का प्रस्ताव करते हैं : "इसलिए स्त्रियों को मेरी सलाह है कि वे सभी अवांछनीय और निकम्मी बन्दिशों के ख़िलाफ़ सविनय विद्रोह करें। बन्दिशें वे ही फायदा पहुँचा सकती हैं जो स्वैच्छिक हों। सविनय विद्रोह से कोई हानि होने की आशंका नहीं है, क्योंकि उसके मूल में शुद्धता और सुविवेचित प्रतिरोध होते हैं।"[10]

महात्मा गाँधी पुरुषों से भी स्त्रियों को उनका उचित स्थान देने का आग्रह करते हैं, लेकिन वह स्त्रियों को पुरुष के अनुग्रह पर नहीं छोड़ देते; बल्कि अपने अधिकारों के लिए स्त्रियों से संघर्ष का आह्वान करते हैं : "पुरुष के फन्दे से आज़ाद होकर स्त्री जब अपने पूर्ण उत्कर्ष को प्राप्त होगी और पुरुषकृत विधान तथा उसके द्वारा संगठित संस्थाओं के विरुद्ध विद्रोह करेगी तो उसका विद्रोह अहिंसक होते हुए भी बड़ा प्रभावकारी सिद्ध होगा।"[11] कुछ लोग यह आपत्ति कर सकते हैं कि महात्मा गाँधी स्त्रियों से आत्म-बलिदान और त्याग आदि गुणों की अपेक्षा करते और इस प्रकार उन्हें प्रकारान्तर से कष्ट उठाते रहने के लिए प्रेरित करते हैं। लेकिन त्याग और बलिदान की अपेक्षा तो वह पुरुषों से भी करते हैं तथा उन्हें भी अन्याय के प्रतिकार के लिए अहिंसक तरीके अपनाने की सलाह देते हैं। लेकिन यह उल्लेखनीय है कि बलात्कार की परिस्थिति में वह स्त्रियों से हिंसा-अहिंसा का विचार छोड़कर अपनी रक्षा करने का समर्थन करते हैं।[12] दरअसल, स्त्री को वासना-पूर्ति का उपकरण मानना ही उसके साथ हो रहे अन्याय के मूल में है और इसीलिए गाँधी जी यह अनिवार्य मानते हैं कि जब तक उसके अस्तित्व को वासना-भाव से अलग करके नहीं देखा जाता, तब तक एक व्यक्ति के रूप में उसका स्वतंत्र अस्तित्व प्रतिष्ठित नहीं हो सकता।

यह आपत्ति भी की जा सकती है कि महात्मा गाँधी गृहस्थी के कर्तव्यों

को ही स्त्री के प्राथमिक कर्तव्य मानते हैं और घर से बाहर आकर अपनी स्वतंत्र आजीविका कमाने को समर्थन नहीं देते। स्त्रियों के समान अधिकारों को लेकर गाँधी जी का स्पष्ट मत है कि उन्हें क़ानूनी स्तर पर अयोग्य नहीं माना जा सकता। लेकिन विचारणीय बात यह है कि गाँधी जी जिस स्वदेशी आधारित ग्रामोद्योगों वाली विकेन्द्रीकृत अर्थव्यवस्था का प्रस्ताव करते हैं, क्या उसके काम-धन्धों में सहभागिता स्वयमेव ही नहीं स्थापित हो जाती? फिर भी गाँधी जी यह तो स्पष्टत: मानते ही हैं कि "स्त्री पुरुष की सहचरी है, उसकी मानसिक क्षमताएँ पुरुष के बराबर हैं। पुरुष के छोटे-से-छोटे कार्यकलाप में भाग लेने का उसे अधिकार है और जितनी स्वाधीनता का हक़दार पुरुष है, उतनी ही हक़दार स्त्री भी है। स्त्री को कार्यकलाप के अपने क्षेत्र में सर्वोच्च स्थान पाने का वैसा ही हक़ है, जैसा पुरुष को अपने क्षेत्र में है।" वह तो यहाँ तक कह देते हैं कि "ग़लत परम्परा के ज़ोर पर ही मूर्ख और निकम्मे लोग स्त्री के ऊपर श्रेष्ठ बनकर मजे लूट रहे हैं" और इस कारण "हमारे बहुत से आन्दोलन भी अधर में लटके रह जाते हैं।"[13]

सन्दर्भ

1. अज्ञेय, केन्द्र और परिधि, पृ. 239-40; नेशनल पब्लिशिंग हाउस, दिल्ली; 1984
2. यंग इंडिगा, 21 जुलाई, 1921, पृ. 229
3. वही, 8 दिसम्बर, 1927, पृ. 406
4. वही, 7 मई, 1931, पृ. 96
5. वही, 21 मई, 1931, पृ. 115
6. हरिजन, 5 जून, 1937, पृ. 134
7. यंग इंडिया, 21 अक्टूबर, 1926, पृ. 365
8. हरिजन, 17 अक्टूबर, 1939, पृ. 340
9. स्पीचेज एंड राइटिंग्स ऑफ महात्मा गाँधी, पृ. 424; जी.ए. नटेसन एंड कम्पनी, मद्रास; 1933
10. हरिजन, 23 मार्च, 1947, पृ. 80
11. यंग इंडिया, 16 अप्रैल, 1925, पृ. 133
12. हरिजन, 1 मार्च, 1942, पृ. 60
13. स्पीचेज एंड राइटिंग्स ऑफ महात्मा गाँधी, वही, पृ. 425

स्वराज के लिए शिक्षा

किसी भी शिक्षा-दर्शन और उसकी प्रक्रिया तथा कार्यक्रम के बारे में जब हम विचार करते हैं तो पहला सवाल उसके प्रयोजन को लेकर उठता है। मोटे तौर पर कहें तो दो चीज़ें हैं, जो उसके दर्शन और प्रक्रिया को प्रभावित करती हैं और उन्हीं के उत्तर में शिक्षा का दर्शन विकसित होता है और कार्यक्रम भी। पहला सवाल तो यह कि मनुष्य को कैसे परिभाषित करते हैं। मानव की हमारी अवधारणा क्या है? मानव की हमारी अवधारणा ही इस ओर भी संकेत कर देती है कि हम कैसा समाज, व्यवस्था या सभ्यता चाहते हैं। ये दोनों परस्पर अन्तर्ग्रंथित हैं, क्योंकि जैसा मनुष्य हम बनाएँगे, समाज-व्यवस्था भी वैसी ही बनेगी। इससे उलटा भी इतना ही सच है कि जैसी व्यवस्था हम विकसित करेंगे, उससे वैसा ही मनुष्य बनेगा। यह नहीं हो सकता कि हमारा प्रयोजन तो एक अहिंसक व्यक्ति और समाज बनाना हो, लेकिन शिक्षा-व्यवस्था हिंसा की ओर प्रवृत्त करने वाली हो—हिंसा केवल स्थूल अर्थ में नहीं, बल्कि अपनी सूक्ष्मतर व्याप्तियों में, जिनमें हम सभी प्रकार की संरचनात्मक और सांस्कृतिक हिंसा को शामिल कर सकते हैं—प्रकृति के प्रति हिंसा को भी। किसी भी प्रकार की हिंसा अन्ततः आत्महिंसा ही होती है। इसलिए हिंसा के सभी उपर्युक्त अथवा अन्य रूप मनुष्य को आत्महिंसा की ओर ही प्रवृत्त करते हैं—स्थूल रूप में नहीं भी तो अपने में अन्तर्निहित मानवत्व के प्रति हिंसक। जब हम किसी अन्य

के प्रति हिंसा करते हैं तो स्वयं को भी तो हिंसक ही बना रहे होते हैं। यह आत्महिंसा का ही एक प्रकार है, क्योंकि तब हम अपने मानवीय आत्म को भी मार ही तो रहे होते हैं।

दूसरी बात यह देखने की होती है कि क्योंकि हम एक समाज और परिवेश में रह रहे होते हैं, जिसकी अपनी कुछ विशिष्ट और कभी तात्कालिक समस्याएँ भी होती हैं, इसलिए हमें उन समस्याओं को समझने और सुलझाने के योग्य शिक्षा-व्यवस्था बनाती है या नहीं।[1] ये दो आधार हैं, जिनसे सम्बन्धित बहुत-सी चीजें और भी हो सकती हैं।

इसलिए महात्मा गाँधी के शिक्षा-दर्शन पर विचार के सिलसिले में पहली विचारणीय बात तो यही है कि गाँधी जी के मन में मनुष्य और समाज की अवधारणा क्या है। वह कैसा मनुष्य और समाज चाहते हैं? गाँधी-विचार का अध्ययन इस निष्कर्ष की ओर ले जाना चाहता है कि वह अपने 'स्वराज' में रह सकने वाले समाज का विकास चाहते हैं और ज़ाहिर है कि अपने 'स्वराज' में रहने वाले व्यक्तियों के समुच्चय से ही ऐसा समाज सम्भव हो सकता है। अपने 'स्वराज' में रहने का तात्पर्य है कि प्रत्येक व्यक्ति अपने-आप में एक 'सम्प्रभु' अस्तित्व है और ऐसे 'सम्प्रभु' व्यक्तियों के पारस्परिक अहिंसक सम्बन्धों के आधार पर ही वास्तविक अर्थों में एक 'सम्प्रभु' अर्थात् अपने 'स्वराज' में रहने वाले समाज का विकास हो सकता है। एक न्यायपूर्ण समाज-व्यवस्था का तात्पर्य ही यही है कि उसमें किसी की भी 'सम्प्रभुता' पर कोई निवारणीय आघात न हो। जोहन गाल्तुंग ने तो हिंसा को परिभाषित करते हुए उसे मानवीय आत्मसिद्धि के मार्ग में आने वाली निवारणीय बाधा कहा है। कार्ल मार्क्स की भी मान्यता यही थी कि प्रत्येक की स्वतंत्रता ही सबकी स्वतंत्रता की अनिवार्य कसौटी है। उसी तर्ज पर कहा जा सकता है कि प्रत्येक की सम्प्रभुता ही सबकी अर्थात् समाज की सम्प्रभुता की वास्तविक कसौटी है। तात्पर्य यह कि प्रत्येक व्यक्ति का अपने 'स्वराज' में रह सकना ही समाज के 'स्वराज' का प्रमाण है। यहाँ इस बात का ध्यान दिलाना आवश्यक होगा कि गाँधी जी के लिए 'स्वराज' का तात्पर्य विदेशी शासन से मुक्ति या संसदीय लोकतंत्र नहीं है। संसदीय लोकतंत्र

को वह एक तात्कालिक लक्ष्य मानते हैं और वह इसलिए कि उसके माध्यम से वास्तविक 'स्वराज' की ओर बढ़ना अधिक सुगम हो सकता है। उनके लिए 'स्वराज' का अर्थ है "सरकारी नियंत्रण से मुक्त होना—चाहे वह नियंत्रण विदेशी सरकार का हो या स्वदेशी सरकार का।" क्योंकि जो राष्ट्र अपना काम राज्य के हस्तक्षेप के बिना ही शान्तिपूर्वक और प्रभावपूर्ण ढंग से कर दिखाता है, उसे ही सच्चे अर्थों में लोकतांत्रिक कहा जा सकता है। 'स्वराज' के बारे में दूसरी बात वह यह कहते हैं कि "सच्चा स्वराज थोड़े लोगों द्वारा सत्ता प्राप्त कर लेने से नहीं, बल्कि जब सत्ता का दुरुपयोग होता हो तब सब लोगों द्वारा उसका प्रतिकार करने की क्षमता हासिल करके किया जा सकता है।"[2] इसके साथ ही वह यह भी स्पष्ट कर देते हैं कि "स्त्री-पुरुषों के विशाल समूह का राजनीतिक स्वराज एक-एक शख़्स के अलग-अलग स्वराज से कोई ज़्यादा अच्छी (या भिन्न) चीज़ नहीं है और इसलिए उसे पाने का तरीक़ा वही है, जो एक-एक आदमी के आत्म-स्वराज या आत्म-संयम का है।"[3]

आधुनिक राजनीति-विज्ञान की पदावली में कहें तो इसका तात्पर्य है बिना अन्य की सम्प्रभुता पर आघात किए अपनी सम्प्रभुता की सिद्धि, और उसकी रक्षा का उपाय है सत्याग्रह। इसीलिए गाँधी जी 'हिन्द स्वराज' के समापन में कहते हैं कि "अपने मन का राज्य स्वराज है" और उसकी कुँजी है 'सत्याग्रह' तथा सत्याग्रह का तात्पर्य है आत्मबल या करुणा-बल। यहाँ गाँधी जी आत्म और करुणा को समानार्थी बना देते हैं अर्थात् आत्म की यानी सत्य की वास्तविक सिद्धि करुणा में है, जो अहिंसा का ही रूप होने के नाते सत्य का ही रूप है।

सवाल उठता है कि इसके लिए किस प्रकार की तैयारी चाहिए, क्योंकि इस दृष्टि से शिक्षा की सार्थकता व्यक्ति और समाज को इस तरह से शिक्षित करना होगी कि दोनों अपने 'स्वराज' में रह सकें। ज़ाहिर है कि इसके लिए पहली आवश्यकता है आत्म-निर्भरता या स्वावलम्बन—आर्थिक ही नहीं, सभी प्रकार की आधिकाधिक आत्म-निर्भरता और दूसरी आवश्यकता है कि यदि उसमें कोई बाधा पैदा हो रही हो अर्थात् कहीं अन्याय हो रहा हो—क्योंकि आत्मसिद्धि में बाधा पैदा करना अन्याय है—तो उसका न्यायपूर्ण यानी अहिंसक

प्रतिकार कैसे किया जाए, जिसे गाँधी जी 'सत्याग्रह' कहते हैं। यदि गाँधी जी की ही शब्दावली का इस्तेमाल किया जाए तो कहा जा सकता है कि 'स्वदेशी' और 'सत्याग्रह' गाँधी जी के शिक्षा-कार्यक्रम के प्रमुख लक्ष्य हैं, जिनका मूल उद्देश्य है मनुष्य को 'स्वराज' की सिद्धि के लिए समर्थ बनाना। यहाँ यह स्मरण कर लेना चाहिए कि 'हिन्द स्वराज' के निष्कर्ष में वह जब 'स्वराज' और 'सत्याग्रह' की परिभाषा करते हैं, वहीं यह भी स्पष्ट कर देते हैं कि सत्याग्रह अर्थात् आत्मबल या करुणा बल को "आजमाने के लिए 'स्वदेशी' को पूरी तरह अपनाने की ज़रूरत है।"[4] महात्मा के 'नई तालीम' या बुनियादी शिक्षा-कार्यक्रम में ग्रामोद्योगों, दस्तकारी आदि का प्रशिक्षण, वस्तुत: स्वदेशी का ही प्रशिक्षण है क्योंकि वही एकमेव तरीका है जिससे प्रत्येक व्यक्ति और ग्राम-समाज आत्मनिर्भर हो सकता और अपने 'स्वराज' में रह सकता है। इस तरह 'स्वदेशी' और 'नई तालीम' भी सत्याग्रह की प्रक्रिया के हिस्से हो जाते हैं, क्योंकि उन्हीं के आधार पर 'सत्याग्रह' मजबूत बना रह सकता और उसी के आधार पर वह अपनी 'सम्प्रभुता' को बनाए रख सकता है। यहाँ यह भी स्मरणीय है कि जिस श्रम-प्रसूत जीविका अर्थात् 'ब्रेड लेबर' को वह मनुष्य के नैतिक विकास के लिए आवश्यक मानते हैं, उसका आधार भी 'स्वदेशी' का प्रशिक्षण ही हो सकता है और यह भी नहीं भूलना चाहिए कि उनके लिए 'सभ्यता' का तात्पर्य भी नैतिक आचरण ही है, और वह केवल स्वतंत्रता का ही नहीं, समानता का भी मूल आधार है। श्रम के माध्यम से न केवल आर्थिक आवश्यकताओं की पूर्ति होती है, बल्कि शिक्षार्थी के बौद्धिक-नैतिक विकास में भी उसकी उल्लेखनीय भूमिका है, क्योंकि "इन्द्रियों के बुद्धिपूर्वक उपयोग से बालक की बुद्धि के विकास का उत्तम और शीघ्रतम मार्ग निकलता है।"[5] जब महात्मा जी दस्तकारी से बालकों के शारीरिक, बौद्धिक और नैतिक विकास को बुनियादी शिक्षा का उद्देश्य बताते हैं तो स्पष्ट है कि इसके बिना कोई भी अपने 'स्वराज' में रहने में समर्थ नहीं हो सकता है।

महात्मा गाँधी के शिक्षा-चिन्तन में शिक्षा के माध्यम के रूप में 'स्वभाषा' का जो तीव्र आग्रह है, उसकी पृष्ठभूमि में शिक्षा-मनोविज्ञान की कसौटी के साथ-

साथ 'स्वराज' का आग्रह भी सक्रिय है, क्योंकि 'स्वभाषा' के बिना 'स्वराज' अर्थात् अपने वास्तविक स्वत्व की सिद्धि सम्भव नहीं है। भाषा केवल सम्प्रेषण का ही माध्यम नहीं होती, जैसा अक्सर समझ लिया जाता है। वह अपने को जानने का भी माध्यम है, जिस संस्कृति में, जिस परम्परा में हम हैं, उसे भी जानने का माध्यम है। 'स्वभाषा' से तात्पर्य केवल संविधान-सम्मत भाषाओं से ही नहीं है—बल्कि वे सब भाषाएँ हैं, जिन्हें लोग अपने-अपने इलाकों में आपसी व्यवहार में इस्तेमाल करते हैं, जो उनकी सांस्कृतिक प्रक्रिया का माध्यम है। गणेश देवी के शोध के अनुसार आजादी के बाद से अब तक 220 भाषाएँ लुप्त हो गई हैं अर्थात् आज उनको बोलने-जानने वाला कोई नहीं बचा है। एक भाषा का न रहना एक समाज का, एक संस्कृति का, एक ज्ञान-परम्परा का लुप्त हो जाना है। पापुआ न्यू गिनी एक छोटा-सा देश है। पचास लाख से कुछ ऊपर आबादी होगी। वहाँ बालकों को प्रारम्भिक शिक्षा 470 भाषाओं में दी जाती है। खोजने से भी ऐसा कोई शिक्षाशास्त्री नहीं मिल सकता, जिसने यह कहा हो कि अपनी भाषा के माध्यम से शिक्षित होने के बजाय किसी अन्य भाषा के माध्यम से शिक्षित होना बालक के मानसिक-बौद्धिक विकास के लिए अधिक मुफीद है। स्वयं गाँधी जी अपने अनुभव से बताते हैं कि यदि रेखागणित, बीज गणित, भूगोल आदि विषय उन्होंने अपनी भाषा गुजराती में सीखे होते तो जितना उन्होंने चार साल में सीखा, उतना एक साल में सीख लिया होता। यहाँ इस बात का स्मरण भी आवश्यक है कि शिक्षा के माध्यम से एक समाज पर किसी अन्य भाषा का आरोपण एक प्रकार की सांस्कृतिक हिंसा है, जिसे एक अहिंसक स्वराज में स्वीकार नहीं किया जा सकता। स्वयं गाँधी जी के शब्दों में "अहिंसा की बुनियाद पर रचे गए स्वराज की चर्चा में यह बात शामिल है कि हमारा हर एक आदमी (उनके निर्माण में) ख़ुद स्वतंत्र रूप से सीधा हाथ बँटाये।"[6]

ईवान इलिच ने शिक्षा के बारे में लिखते हुए एक बहुत महत्त्वपूर्ण बात कही है कि हर शिक्षा-प्रक्रिया का एक घोषित एजेंडा होता है और एक गुप्त एजेंडा। घोषित एजेंडा तो सभी का अच्छा ही होता है; लेकिन शिक्षा की जो प्रक्रिया है, वह उसका गुप्त एजेंडा है, जो दरअसल वास्तविक एजेंडा हो जाता है। अगर

दोनों में कोई अन्तर्विरोध हो तो शिक्षा-व्यवस्था अपना काम घोषित एजेंडा के लिए नहीं, बल्कि गुप्त एजेंडा के लिए करने लगती है। यह बात हम शिक्षा के भाषिक माध्यम पर भी लागू कर सकते हैं और उसकी अन्य प्रक्रियाओं पर भी। दूसरे शब्दों में, गाँधी जी के साध्य और साधन के एकत्व के विचार को शिक्षा के सन्दर्भ में भी समझने और लागू करने की ज़रूरत है। प्रक्रिया साधन है और साध्य है मनुष्य को अपने 'स्वराज' की सिद्धि के लिए समर्थ बनाना। अज्ञेय ने स्वतंत्रता को परिभाषित करते हुए लिखा है कि उसका तात्पर्य है 'जो मैं हूँ, वह मैं हो सकूँ', अर्थात् अपने स्व को पा सकूँ। वही तो स्वराज है।

बुनियादी शिक्षा का मर्म इसी 'स्वराज' में निहित है। यह केवल दस्तकारियों के प्रशिक्षण की बात नहीं है—यह स्वराज की तैयारी है। दरअसल इस शिक्षण-प्रक्रिया में साक्षरता और अन्य ज्ञान को उन ग्रामीण शिल्पों पर आधारित प्रक्रिया के माध्यम से बालक तक पहुँचाना है, जिनका कुछ प्रशिक्षण वैसे भी उसे अपने पारिवारिक और स्थानीय परिवेश के माध्यम से होता ही रहता है। यह ज्ञान, एक ओर जहाँ उसकी साक्षरता को व्यावहारिक या क्रियामूलक बनाएगा, वहीं उसे अपने शिल्प के व्यावहारिक और व्यवस्थित प्रशिक्षण के साथ-साथ उसके पीछे सक्रिय सिद्धान्तों की प्रयोगमूलक जानकारी भी मिल सकेगी, जो उसके लिए अपने शिल्प में सुधार या उससे सम्बन्धित नए आविष्कार करने के लिए भी उपयोगी होगी। अपने परिवेश के साथ अन्तरंग रिश्ता महसूस करने तथा स्थानीय संसाधनों पर आधारित उत्पादन-प्रक्रिया का व्यावहारिक और सैद्धान्तिक ज्ञान प्राप्त करने के कारण शिक्षार्थी के लिए यह स्वाभाविक होगा कि वह इन संसाधनों की न्यूनतम क्षति करते हुए उनका अधिकाधिक उपयोग करने की ओर उन्मुख हो, अर्थात् अपने परिवेश के साथ उसका रिश्ता अहिंसक और सर्जनात्मक हो। इन आधारों और प्रक्रियाओं पर विकसित शिक्षा ही, गाँधी जी के शब्दों में "बुद्धि, शरीर और आत्मा तीनों का विकास करती है।" आज़ादी मिलने के बाद दिसम्बर, 1947 के 'हरिजन' के अंक में गाँधी जी लिखते हैं : "वस्तुत: नई तालीम की जड़ें और भी गहरी जाती हैं। वे मानव-क्रिया के प्रत्येक क्षेत्र में सत्य और प्रेम की प्रयुक्ति तक फैली हुई हैं। हस्तशिल्पों के माध्यम से

शिक्षा देने की धारणा इस विचार से उद्भूत है कि जीवन के कार्यकलाप सत्य और प्रेम से व्याप्त होने चाहिए...ऐसी शिक्षा पुस्तकों से नहीं ग्रहण की जाती और न वह उन पर निर्भर होती है। इसका धार्मिक पन्थों से भी कोई सम्बन्ध नहीं है। यदि इसका धर्म से कोई सम्बन्ध है तो वह सार्वभौम धर्म है, जिससे सभी धार्मिक पन्थ निकलते हैं। इसलिए, यह शिक्षा जीवन की पुस्तक से ग्रहण की जाती है, जिस पर कोई लागत नहीं आती और जिसे दुनिया की कोई ताक़त आपसे नहीं छीन सकती।" सत्य और प्रेम से युक्त मानवीय संसाधन से ही एक अहिंसक समाज बनाया जा सकता है—तभी साध्य और साधन में एकत्व की सिद्धि सम्भव है—और वही तो स्वराज है।

साध्य-साधन एकत्व की दृष्टि से ही महात्मा गाँधी शिक्षा-व्यवस्था और उसकी प्रक्रिया को भी उसके अपने स्वराज में विकसित करना चाहते हैं। यदि शिक्षा राज्य या बाज़ार पर निर्भर करेगी तो वह स्वराज का साधन होने के बजाय राज्य या बाज़ार की एजेंट या उनके द्वारा नियंत्रित होगी, जैसा आज हो रहा है। पर-निर्भर साधन के माध्यम से हम आत्म-निर्भर समाज कैसे बना सकते हैं?

इसीलिए महात्मा गाँधी सभी सोपानों पर शिक्षा संस्थानों को स्वावलम्बी बनाने के पक्षधर हैं। इस सम्बन्ध में उनका यह कथन उल्लेखनीय है कि "दान, राजकीय सहायता अथवा विद्यार्थियों से ली जाने वाली फीस द्वारा भी उन्हें स्वावलम्बी बनाया जा सकता है, लेकिन यहाँ वैसा स्वावलम्बन इष्ट नहीं है।"[7] वह चाहते हैं कि पढ़ाई का खर्च विद्यार्थी को अपने श्रम से कमा सकना चाहिए—यद्यपि इसके लिए विद्यार्थी को श्रम में गौरव अनुभव करना सीखना होगा। गाँधी इसके लिए यह आवश्यक मानते हैं कि प्रत्येक शिक्षार्थी को कुछ औद्योगिक तालीम अर्थात् शिल्प-शिक्षा लेनी चाहिए। अपने स्वराज में स्थित शिक्षा-व्यवस्था ही अपने शिक्षार्थी और समाज को स्वराज के लिए समर्थ बना सकती है।

लेकिन बड़ा सवाल यही है कि क्या गाँधी जी द्वारा प्रस्तावित 'प्रबुद्ध अराज्यत्व' की ओर ले जाने वाला 'स्वराज' हमारा साध्य है, क्योंकि कोई भी शिक्षा-प्रक्रिया तभी सफल हो सकती है जब हम उसकी पृष्ठभूमि में सक्रिय

तत्व-मीमांसा और मूल्य-मीमांसा के अनुरूप समाज-रचना और व्यक्ति-निर्माण करना चाहें; अन्यथा उसे व्यापक समाज के लिए अनुपयोगी मानकर कहीं-कहीं एक कर्मकांड की तरह ही लिया जाता रहेगा। समाज में प्रचलित और स्वीकृत शिक्षा-संस्थाएँ सामान्य तौर पर अपने को उससे अलग ही रखे हुए हैं। इसलिए सवाल केवल शिक्षा का नहीं, तत्व-दृष्टि का भी है। शुमाकर का पूर्व उद्धृत कथन यहाँ भी पूरी तरह प्रासंगिक है कि हम दरअसल एक तत्वमीमांसीय रोग के शिकार हैं, जिसका उपचार भी तत्वमीमांसीय ही हो सकता है।

सन्दर्भ

1. मेरे सपनों का भारत, पृ. 38; सर्वसेवा संघ प्रकाशन, वाराणसी; 2014
2. वही, पृ. 23
3. वही, पृ. 23
4. हिन्द स्वराज, पृ. 104, सर्वसेवा संघ प्रकाशन, वाराणसी; 2013
5. मेरे सपनों का भारत, पृ. 99
6. वही, पृ. 122
7. वही, पृ. 102

सत्याग्रही न्याय-शास्त्र का आग्रह

"अंग्रेजी सत्ता की एक मुख्य कुंजी उसकी अदालतें हैं और अदालतों की कुंजी वकील हैं। यदि वकील वकालत छोड़ दें और यह धन्धा वेश्या के धन्धे जैसा नीच माना जाए, तो अंग्रेजी राज्य एक दिन में टूट जाए। वकीलों ने ही भारतीय जनता पर यह लांछन लगवाया है कि हमें लड़ाई-झगड़े से प्रेम है और हम अदालत-रूपी पानी की मछलियाँ हैं।

मैंने वकीलों के विषय में जो शब्द कहे हैं, वे ही शब्द न्यायाधीशों के बारे में भी लागू होते हैं, वे दोनों मौसेरे भाई हैं और एक-दूसरे को शक्ति पहुँचाते हैं।"[1]

'हिन्द स्वराज' के ये वाक्य हैरत और उलझन में डालने वाले हैं, क्योंकि ये एक ऐसे व्यक्ति द्वारा कहे गए हैं, जिसने न केवल सफल वकालत की, बल्कि दक्षिण अफ्रीका में रंगभेद को मिटाने के लिए राजनैतिक संघर्ष के साथ-साथ क़ानूनी लड़ाई भी सफलतापूर्वक लड़ी। वह ऐसी बात क्यों कह रहे हैं?

महात्मा गाँधी यह बात शायद इसलिए कह रहे हैं कि उनकी नज़र में वकालत केवल एक व्यवसाय नहीं है—बल्कि अगर इस बात को और व्यापक तथा तात्विक परिप्रेक्ष्य में देखें तो कोई भी व्यवसाय मात्र व्यवसाय नहीं है। हर व्यवसाय एक मानवीय कर्म है, जिसके कई आयाम होते हैं। व्यवसाय का पहला प्रयोजन अर्थोपार्जन हो सकता है, जिससे हम अपनी भौतिक ज़रूरतों

की पूर्ति कर सकें। लेकिन उसका दूसरा प्रयोजन समाज के लिए उपयोगी और कल्याणकारी होना है और इससे भी आगे तीसरा प्रयोजन अपने कर्म के माध्यम से अपना नैतिक-आध्यात्मिक उत्कर्ष अर्जित करना है।

इसलिए यदि विधि-व्यवसाय अर्थोपार्जन के प्रयोजन को पूरा करते हुए दूसरे प्रयोजनों के विरुद्ध जाता है तो उसकी स्थिति को आलोचना के घेरे में आना होगा। इस व्यवसाय का सामाजिक प्रयोजन समाज में न्याय को सुनिश्चित करना है। इसलिए यह देखना होगा कि इस व्यवसाय की प्राथमिक प्रतिबद्धता या उत्तरदायित्व न्याय के प्रति है या अपने मुवक्किल के हितों के प्रति। वह तथ्यों की प्रस्तुति और क़ानून की व्याख्या न्याय की स्थापना की दृष्टि से कर रहा है या अपने मुवक्किल के स्वार्थ की दृष्टि से। यह तो ठीक है अपने मुवक्किल के हितों को देखना उसका फ़र्ज़ है, लेकिन क्या इसके लिए प्रतिपक्षी के साथ अन्याय किया जाना उचित कहा जा सकता है? क्या अपने मुवक्किल का हित और न्याय एक ही चीज़ हैं? क्या हर मुवक्किल का पक्ष सदैव न्यायपूर्ण होता है और क्या वास्तव में विधि-व्यवसायी अपने अन्त:करण में आश्वस्त होते हैं कि उनके मुवक्किल का पक्ष न्याय का पक्ष है? विचार तो इस पर भी किया जाना चाहिए कि जिसे हम सामान्यतया न्याय कह देते हैं, वह क़ानूनी न्याय है या अपने वास्तविक अर्थों में न्याय।

न्याय का क्या तात्पर्य है? उसकी उचित व्याख्या क्या हो सकती है? गाँधी-दृष्टि में न्याय का तात्पर्य है समाज में सत्य के शासन की स्थापना। हम सामान्यत: क़ानून के शासन—रूल ऑफ लॉ—की बात करते हैं। लेकिन अन्तत: क़ानून से भी यही अपेक्षा तो की जाती है कि वह सत्य पर आधारित हो। यह पूरा ब्रह्मांड कुछ नियमों से संचालित है, जिसे हमारी परम्परा में 'ऋत'—कॉस्मिक लॉ—या आधुनिक विज्ञान की भाषा में 'लॉ ऑफ नेचर' कहा जाता है। यह 'ऋत' या 'कॉस्मिक लॉ' मानव-जीवन में सत्य कहा जाता है। सत्य अर्थात् मानव-जीवन को संचालित करने वाला नियम। इसलिए जिसे हम न्याय कहते हैं वह वास्तविक अर्थों में न्याय तभी हो सकता है जब वह अपनी प्रकृति, स्वरूप और प्रक्रिया में मानव-जीवन को संचालित करने वाले इस

नियम से प्रेरित और सम्पुष्ट हो। न्याय मानवीय सम्बन्धों में सत्य की स्थापना की प्रक्रिया है और क़ानून उसका माध्यम। इसलिए क़ानून का औचित्य और उसकी व्याख्या की सार्थकता भी इसी बात में है कि वह सत्य से सम्पुष्ट हो। सत्य का एक अर्थ जहाँ तथ्यों की प्रामाणिकता है, वहीं उतना ही ज़रूरी अर्थ मानव-जीवन को संचालित करने वाले नियम का पालन भी है। तथ्यों और व्याख्या की प्रामाणिकता के उदाहरण के रूप में हमारे स्वतंत्रता-संग्राम के दौर के दो बड़े मुक़दमों का ज़िक्र किया जाना प्रासंगिक होगा। पहला मुक़दमा लोकमान्य तिलक से सम्बन्धित है, जिसका विस्तारपूर्वक विवरण ए.जी. नूरानी की पुस्तक 'दि ग्रेट इंडियन ट्रायल्स' में दिया गया है। इस मुक़दमे में मोहम्मद अली जिन्ना तिलक के वकील थे। माँडले जेल से छूटने के बाद उन्हें फिर अपने घेरे में लेने के लिए पूना के मजिस्ट्रेट मि. हैच ने 1916 में तिलक के तीन भाषणों को आपत्तिजनक मानते हुए उन्हें बॉण्ड भरने को कहा। तिलक ने इसके ख़िलाफ़ हाईकोर्ट में अपील की। हैच का कहना था कि इन भाषणों के द्वारा तिलक सरकार के प्रति असन्तोष और राजद्रोह की भावनाएँ भड़का रहे हैं। आज इस बात से इनकार नहीं किया जा सकता कि तिलक का मन्तव्य निश्चय ही सरकार के ख़िलाफ़ था। लेकिन उनके वकील जिन्ना का तर्क था कि तिलक द्वारा प्रयुक्त शब्द 'सरकार' की व्याख्या 'गवर्नमेंट' के अर्थ में नहीं बल्कि 'ब्यूरोक्रेसी' के अर्थ में की जानी चाहिए तथा 'गुलामगिरी' तथा 'दास्य' शब्दों का अर्थ 'स्लेवरी' नहीं बल्कि 'सर्विट्यूड' है तथा उनके भाषणों का मन्तव्य—इंटेशन—सरकार के प्रति असन्तोष नहीं बल्कि नौकरशाही की व्यवस्था में परिवर्तन की माँग करना है। हाईकोर्ट के जस्टिस स्टेनले बेचलर और जस्टिस लालूभाई शाह ने तिलक को बरी करते हुए हैच के आदेश को ख़ारिज कर दिया।

इस मामले में तथ्यों की व्याख्या तथा शब्दों के अर्थ के माध्यम से वकील मि. जिन्ना ने एक क़ानूनी जीत तो हासिल की; लेकिन क्या यह कहना सत्य था कि तिलक का उद्देश्य सरकार के प्रति असन्तोष पैदा करना नहीं था? हैच ने तो कहा भी था कि उनके ख़िलाफ़ दरअसल राजद्रोह का मुक़दमा ही चलाया

जाना चाहिए था—केवल बॉन्ड भरने का आदेश पर्याप्त नहीं था। हम जानते हैं कि तिलक का उद्देश्य 'स्वराज' था और ब्रिटिश सरकार के प्रति असन्तोष को मुखरित करना इसी संघर्ष की प्रक्रिया का हिस्सा था। एक कुशल वकील के रूप में जिन्ना ने अपने मुवक्किल को बचा तो लिया, लेकिन उनके मूल मन्तव्य को छुपाकर। यह कहीं-न-कहीं सत्य की अवहेलना करना था—चाहे एक अच्छे उद्देश्य के लिए ही सही—यद्यपि क़ानूनी न्याय को अपने पक्ष में लाने में वह सफल रहे। इसके विपरीत, दूसरा उदाहरण 1922 में महात्मा गाँधी पर किए गए मुक़दमे का है। असहयोग आन्दोलन को वापस लेने के बाद महात्मा गाँधी को ब्रिटिश सरकार द्वारा गिरफ़्तार कर अहमदाबाद की अदालत में उन पर सरकार के प्रति असन्तोष बढ़ाने और राजद्रोह का अभियोग लगाया गया। महात्मा गाँधी ने किसी क़ानूनी नुक्ते से अपने बचाव की कोई कोशिश नहीं की। ब्रिटिश सत्ता के प्रति अहिंसक विद्रोह को वह अपना धर्म कहते थे। इसलिए उन्होंने न केवल यह स्वीकार किया कि उन्होंने अहिंसक तरीके से राजद्रोह का अपराध किया है बल्कि यदि उन्हें मुक्त कर दिया जाता है तो वह पुनः ऐसा करेंगे। इस अवसर पर दिया गया उनका बयान एक ऐतिहासिक बयान है, जो न केवल ब्रिटिश क़ानून और अदालत को नैतिक स्तर पर शर्मिन्दा होने पर मजबूर कर देता है, बल्कि साथ ही भारतीय जनता को ब्रिटिश क़ानून और अदालतों के सामने निर्भयता से खड़े होने की प्रेरणा और ताक़त देता है। महात्मा गाँधी ने ब्रिटिश न्यायाधीश से कहा कि उसके सामने दो ही विकल्प हैं : या तो वह उन्हें सज़ा दे या स्वयं इस्तीफ़ा दे दे। जज ने इस्तीफ़ा तो नहीं दिया, लेकिन अपने फ़ैसले में कहा कि यदि सरकार उसकी दी हुई सज़ा को किसी कारण कम कर देती है तो उससे अधिक प्रसन्न और कोई नहीं होगा। यहाँ यह स्मरण कर लेना भी अप्रासंगिक नहीं होगा कि महात्मा गाँधी के असहयोग आन्दोलन का एक कार्यक्रम ब्रिटिश अदालतों का बहिष्कार करना भी था और उनके आह्वान पर नौजवान वकीलों ने ही नहीं, मोतीलाल नेहरू और सी.आर. दास जैसे कई प्रतिष्ठित वकीलों ने अपनी वकालत छोड़ दी थी।

दरअसल, महात्मा गाँधी द्वारा अपने बचाव की कोशिश न करना सत्य की

प्रस्तुति का एक पक्ष था और अन्यायपूर्ण ब्रिटिश शासन के ख़िलाफ़ अहिंसक सत्याग्रह उसका दूसरा पक्ष। महात्मा गाँधी वास्तव में क़ानून की वेदी पर सत्य की बलि देने के बदले सत्य की स्थापना के लिए क़ानून के हाथों दंडित होना स्वीकार करते हैं और इस दंड-स्वीकरण या कष्ट-सहन को 'सत्याग्रह' की संज्ञा देते हैं। वह अपने एक प्रेरणा-पुरुष 'अन टु दिस लास्ट' के लेखक जॉन रस्किन की इस बात से सहमत होते हैं कि क़ानूनी—लीगल—और न्यायपूर्ण—'जस्ट'—में फ़र्क़ है। दूसरे शब्दों में, महात्मा गाँधी विधिशास्त्र की 'पॉजिटिव लॉ थियरी' की इस संकल्पना से असहमत होते हैं कि क़ानून न्याय से स्वतंत्र है तथा न्याय वास्तविक क़ानून द्वारा प्रमाणीकरण का मोहताज है। वह 'सोशल गुड थियरी' के इस मन्तव्य के अधिक क़रीब जान पड़ते हैं कि न्याय क़ानून से बड़ी अवधारणा होने के कारण क़ानून के दायरे से बाहर भी खोजा जा सकता है तथा स्वयं क़ानून कितना न्यायपूर्ण है, यह हमारी न्याय की अवधारणा पर निर्भर करता है। साथ ही, वह एक परवर्ती विचारक जॉन रॉल्स के विचार से भी सहमत होते दिखते हैं कि सभी सामाजिक संस्थाओं का सहज धर्म होने के कारण न्याय के नाम पर कोई भी संस्था व्यक्ति के कुछ न्यायसम्मत अधिकारों का अतिक्रमण नहीं कर सकती। गाँधी जी की शब्दावली का इस्तेमाल करें तो देखना होगा कि सभी सामाजिक संस्थाएँ—क़ानून और अदालतें भी—कितनी न्यायपूर्ण अर्थात् सत्याग्रही हैं। सत्याग्रह का तो तात्पर्य ही उसके प्रति भी प्रेम है, जिसे हम सामान्य भाषा में प्रतिपक्ष कहते हैं और इस प्रेम के कारण हम उसका भी बुरा नहीं चाह सकते—बल्कि उसका भला चाहना हमारा दायित्व और हमारे सत्याग्रही होने का भी प्रमाण है।

दरअसल, सत्याग्रह में अन्याय का प्रतिरोध और उसे मिटाकर न्याय की स्थापना करना तो है ही, साथ ही इस प्रक्रिया से गुज़रते हुए वह सत्याग्रही के नैतिक उत्कर्ष के साथ-साथ उसके मन में भी प्रेम और न्याय का बोध पैदा करने की कोशिश करता है, जिसे प्रतिपक्ष कहा-समझा जाता है। दरअसल, सत्याग्रह में कोई प्रतिपक्ष होता ही नहीं—क्योंकि वहाँ कोई 'अन्य' नहीं होता। सत्याग्रह प्रतिपक्ष के लिए भी एक नैतिक दायित्व का अनुभव करता है क्योंकि

वह भी अपना ही एक रूप है, जो बाहर से भिन्न होता हुआ भी अस्तित्वत: अभिन्न है। हम जिसे सामान्यत: अन्य या प्रतिपक्ष कह देते हैं, उसके प्रति दायित्व के निर्वाह के बिना जीवन मात्र के एकत्व का बोध या सत्य-अहिंसा की अनुभूति सम्भव ही नहीं है।

ऐसा नहीं है कि हम केवल राजनीतिक कर्म के समय सत्याग्रही हैं और बाक़ी समय सत्य से अलग। सत्याग्रह एक सकारात्मक और रचनात्मक अवधारणा तथा प्रक्रिया है, जिसके घेरे में पूरा जीवन आ जाता है। विनोबा तो सत्याग्रही के लिए पहले 'सत्यग्राही' होना आवश्यक मानते हैं।[2] इसलिए अपने व्यवसाय में भी हमसे 'सत्यग्राही' और 'सत्याग्रही' होने की अपेक्षा किया जाना बिल्कुल मुनासिब है—उस विधि-व्यवसाय में भी, जिसमें सदैव कोई-न-कोई कथित प्रतिपक्ष या विरोधी रहता ही है।

यहाँ यह स्मरण करना संगत होगा कि एक विधि-व्यवसायी के रूप में दक्षिण अफ़्रीका में गाँधी जी की सफलता उनकी इसी दृष्टि के कारण सम्भव होती है। दक्षिण अफ़्रीका में वकालत के दौरान महात्मा गाँधी की यह सत्याग्रही दृष्टि दो तरह से प्रतिफलित होती है। एक तो यह कि एक वकील के रूप में वह तथ्यों की प्रामाणिक प्रस्तुति पर अत्यन्त बल देते हैं, क्योंकि तभी सत्य पर आधारित न्याय की उम्मीद की जा सकती है। दक्षिण अफ़्रीका के उनके वकालत के दिनों का विवरण बताता है कि कई मामलों में मुवक्किलों द्वारा तथ्यों को छुपाये जाने के कारण गाँधी जी ने उन्हें छोड़ दिया—चाहे इससे उनका आर्थिक नुक़सान भी होता हो। वह अदालत के सम्मुख अपनी किसी ग़लती या मुवक्किल के किसी भी दोष को स्वीकार करने के लिए सदैव तैयार रहते थे और इसी का एक प्रभाव यह हुआ कि न्यायाधीश भी उनके पक्ष की बात पर सहज विश्वास करने की मन:स्थिति में आ जाते थे, क्योंकि वे गाँधी जी की प्रामाणिकता पर विश्वास करने लगे थे। वह किसी क़ानूनी नुक़्ते या खामी की वजह से नहीं, बल्कि तथ्यों की प्रामाणिकता और न्याय के आधार पर सफलता चाहते थे। दूसरी खास बात यह कि एक वकील के रूप में महात्मा गाँधी अपना यह दायित्व मानते थे कि प्रतिपक्ष के साथ भी अन्याय न हो। उनकी कोशिश

यह होती थी कि जहाँ तक सम्भव हो विवाद अदालत के बाहर ही सुलझा लिया जाए। यदि अदालत में भी निर्णय होना हो तो भी उनकी कोशिश यही रहती थी कि वादी-प्रतिवादी के बीच प्रेम-भाव बना रहे।

महात्मा गाँधी अपनी आत्मकथा 'सत्य के साथ मेरे प्रयोग' में दक्षिण अफ्रीका में अपनी वकालत के बीस वर्षों के अपने अनुभव का जो निचोड़ प्रस्तुत करते हैं, उसे तीन वाक्यों में कहा जा सकता है। पहला वाक्य मि. पिंकट का है कि 'तथ्य तीन-चौथाई क़ानून है।' दूसरा वाक्य एक ऐसे मुक़दमे के सन्दर्भ में आया है, जिसमें महात्मा गाँधी एक वकील के रूप में अनुभव करते हैं कि न्याय तो उनके मुवक्किल की तरफ़ है लेकिन क़ानून उसके कुछ ख़िलाफ़ है। मि. लेनार्ड के इस वाक्य से वह सहमत होते हैं कि 'तथ्य पर हमारा सच्चा कब्ज़ा रहे तो क़ानून अपने-आप हमारे पास आ जाएगा।' तीसरे वाक्य में गाँधी अपने अनुभव का निचोड़ प्रस्तुत करते हुए लिखते हैं कि 'प्रतिपक्षी को न्याय देकर हम जल्दी न्याय पा सकते हैं।' आत्मकथा में ही वह ऐसे मुक़दमों का ज़िक्र भी करते हैं, जिनमें उनकी कोशिश दोनों पक्षों के बीच अदालत से बाहर समझौता करवाकर उनके बीच की खाई को पाटने की रही। दादा अब्दुल्ला और तैयब सेठ के बीच जिस विवाद में वह दादा अब्दुल्ला के वकील के रूप में दक्षिण अफ्रीका में गए थे, उसमें 'पंच फैसले' में दादा अब्दुल्ला के जीतने के बावजदू तैयब सेठ के प्रति न्याय करने की दृष्टि से उन्होंने अपने मुवक्किल को इस बात के लिए तैयार कर लिया कि वह अपने प्रतिपक्षी को लम्बी मोहलत दे दें—अन्यथा एकमुश्त चुकारे में तैयब सेठ का दीवाला निकल सकता था। अपने इस अनुभव का वर्णन करते हुए महात्मा गाँधी लिखते हैं कि "दोनों पक्षों को खुशी हुई। दोनों की प्रतिष्ठा में वृद्धि हुई। मेरे सन्तोष की सीमा न रही। मैंने सच्ची वकालत करना सीखा, मनुष्य-स्वभाव का उज्ज्वल पक्ष ढूँढ़ निकालना सीखा, मनुष्य हृदय में पैठना सीखा। मुझे जान पड़ा कि वकील का कर्तव्य फ़रीक़ैन के बीच में खुदी हुई खाई को भरना है।" और अन्त में स्वयं को हुए लाभ का वर्णन करते हुए कहते हैं : "इस शिक्षा ने मेरे मन में ऐसी जड़ जमाई कि मेरी बीस साल की वकालत का अधिक समय अपने दफ़्तर में

ऐसे सैकड़ों मुक़दमों में सुलह कराने में ही बीता। इसमें मैंने कुछ खोया नहीं। पैसे के घाटे में रहा, यह भी नहीं कहा जा सकता। आत्मा तो नहीं ही गँवाई।"[3]

हम इस आख़िरी वाक्य में जोड़ दे सकते हैं कि न केवल आत्मा नहीं गँवाई, बल्कि कमाई। प्रत्येक व्यवसाय अर्थोपार्जन का माध्यम होने के साथ आत्मा कमाने का माध्यम हो सकता है। विधि, शिक्षा और चिकित्सा जैसे सेवा-व्यवसायों के बारे में तो यह और भी सच है। विधि-व्यवसाय का तो सीधा सम्बन्ध न्याय अर्थात् सत्य की प्रतिष्ठा से है और महात्मा गाँधी के लिए सत्य का तात्पर्य है प्रेम या अहिंसा। विधि-व्यवसाय भी इसलिए समाज में कलह या झगड़े बढ़ाने का नहीं, प्रेम फैलाने का माध्यम होना चाहिए। दादा धर्माधिकारी महात्मा गाँधी के प्रेम या सत्याग्रह के सिद्धान्त से प्रेरित होकर ही कहते हैं कि शुद्ध करुणा ही शुद्ध न्याय है। दमन या सजा अपने में न्याय नहीं है। इसीलिए महात्मा गाँधी प्रतिशोधात्मक या भयोत्पादक, दंडात्मक न्याय सिद्धान्तों से असहमत होते हुए सुधारात्मक या बचावात्मक न्याय-सिद्धान्तों के क़रीब जान पड़ते हैं। क्योंकि असामाजिक तत्व भी अन्ततः एक हिंसक समाज-व्यवस्था की वजह से उत्पन्न होते हैं, इसलिए जहाँ समाज को असामाजिकता से मुक्त रखना होता है, वहीं ऐसे तत्वों के प्रति करुणा ही उनके साथ न्याय कर पाती है। गाँधी मानते हैं कि सभी अपराधी रोगी होते हैं, इसलिए उनके साथ वैसा ही व्यवहार होना चाहिए, जैसा रोगियों के साथ होना उचित है।[4] वह अलफियेरी के इस कथन से सम्भवतः पूरी तरह सहमत होते कि अपराध समाज तैयार करता है, अपराधी उसे घटित करते हैं।

कहा जा सकता है कि महात्मा गाँधी का न्याय-शास्त्र एक तरह से 'सत्याग्रही न्यायशास्त्र' है, जिसका प्रयोजन समाज में प्रेम और करुणा पर आधारित न्याय तथा समाज के प्रत्येक मनुष्य का नैतिक-आध्यात्मिक उत्कर्ष करना है। वे यदि ब्रिटिश शासन और उसकी संस्थाओं का विरोध करते हैं तो इसलिए कि वे प्रेम पर नहीं दमन पर आधारित हैं, जिससे असहयोग करना गाँधी प्रत्येक व्यक्ति का धर्म मानते हैं। वह अपने साथी वकीलों की आलोचना इसीलिए करते हैं कि अन्यायी राज्य के दमनकारी क़ानूनों और अदालतों से

सहयोग करना उनके जाल में फँसना है। दरअसल गाँधी 'रूल ऑफ लॉ' के बजाय 'रूल ऑफ जस्टिस' की बात करते हैं, क्योंकि क़ानून का औचित्य अन्ततः न्याय स्थापित करने में उसकी सक्रिय भूमिका से निर्धारित होता है। न्याय केवल क़ानूनी मसला नहीं है; वह उस सामाजिक पुनर्निर्माण का मसला है जिसका सपना गाँधी और उन जैसे अन्य क्रान्तिकारी देखते हैं और सभी न्यायिक प्रक्रियाओं का दायित्व इस सपने को मूर्त करना है। अन्त में, महात्मा गाँधी के इस कथन का स्मरण संगत होगा कि "मैंने पाया है कि क़ानून का स्वैच्छिक आज्ञापालन हमारा प्रथम कर्तव्य है, लेकिन इस कर्तव्य को निभाते हुए मैंने समझा है कि जब क़ानून असत्य का पोषण करने लगे तो उसकी आज्ञा का उल्लंघन भी मेरा कर्तव्य हो जाता है।" गाँधी के लिए सत्य का अर्थ है प्रेम, अहिंसा, करुणा, सहकार आदि और ज़ाहिर है तब असत्य का अर्थ है घृणा, हिंसा, निर्दयता, शत्रुता, दमन, उत्पीड़न आदि। यह देखना हर किसी का दायित्व बनता है कि हमारी क़ानून संहिताएँ और न्यायिक प्रक्रियाएँ—जिनमें सामाजिक न्याय की प्रक्रियाएँ भी शामिल हैं—किस ओर उन्मुख नज़र आती हैं और तब समाज में न्याय की स्थापना के लिए प्रतिबद्धता और विधि-व्यवसाय का भी—क्या अनिवार्य कर्तव्य है।

सन्दर्भ

1. हिन्द स्वराज, पृ. 175; राष्ट्रीय गाँधी संग्रहालय, नई दिल्ली; 2010
2. विनोबा साहित्य, खंड-16, पृ. 260; परमधाम प्रकाशन, वर्धा, 1996
3. गाँधी, महात्मा, माई एक्सपेरिमेंट्स विद ट्रुथ, पृ. 121-124; नवजीवन पब्लिशिंग हाउस, अहमदाबाद, अगस्त, 2009
4. हरिजन, 5 मई, 1946, पृ. 124 एवं वही, 2 नवम्बर, 1947, पृ. 395

परिशिष्ट

अन्य प्रासंगिक उद्धरण*

1. यदि हम धर्म, राजनीति, अर्थशास्त्र आदि से 'मैं' और 'मेरा' निकाल सकें तो हम शीघ्र ही स्वतंत्र हो जाएँगे और पृथ्वी पर स्वर्ग उतार सकेंगे। (पृ. 3)
2. देशभक्ति के मेरे विचार की यदि निरपवाद रूप से समस्त मानवता के अधिकाधिक कल्याण के साथ संगति न हो तो वह बेकार है। (पृ. 25)
3. यदि मैं अपने को यह विश्वास दिला सकता कि ईश्वर हिमालय की गुफा में मिलेगा तो मैं तत्काल वहाँ के लिए प्रस्थान कर देता। लेकिन मैं जानता हूँ कि मानवता से दूर वह ढूँढ़ा नहीं जा सकता। (पृ. 49)
4. प्रत्येक सच्ची कला आत्मा के आन्तरिक स्वरूप की सिद्धि में सहायक होनी चाहिए। (पृ. 51)
5. सच पूछा जाए तो जितने व्यक्ति हैं, उतने ही धर्म हैं। (पृ. 61)
6. धर्मग्रन्थों की व्याख्या करते समय मैं स्वयं उन्हीं के द्वारा निर्धारित सत्य और अहिंसा की कसौटी को लागू करता हूँ। इस कसौटी पर जो खरे नहीं उतरते, उन्हें अस्वीकार कर देता हूँ और जो खरे उतरते हैं, उन्हें अपना लेता हूँ। (पृ. 63)

---

* सभी उद्धरणों का साभार चयन 'महात्मा गाँधी के विचार' (संकलन : आर.के. प्रभु तथा यू.आर. राव, नेशनल बुक ट्रस्ट, इंडिया, 1994) से किया गया है।

7. मैं जब तक सम्पूर्ण मानवता के साथ अपना तादात्म्य स्थापित न कर लूँ तब तक यह नहीं कह सकता कि मैं धार्मिक जीवन व्यतीत कर रहा हूँ, और यह मैं तब तक नहीं कर सकता जब तक कि राजनीति में भाग न लूँ। (पृ. 95)
8. लोगों के प्रति प्रेम ने छुआछूत की समस्या मेरे बाल्यकाल में ही उठा दी थी। मेरी माँ ने कहा, 'इस बच्चे को मत छूना, यह अछूत है।' 'क्यों न छूऊँ?' मैंने पलटकर पूछा और उसी दिन से मेरा विद्रोह प्रारम्भ हो गया। (पृ. 100)
9. मैं राज्य की शक्ति में वृद्धि से बड़ा भयभीत हूँ। यद्यपि वह ज़ाहिर तौर पर शोषण को न्यूनतम करके लोगों की भलाई का प्रयास करता है, पर वह वैयक्तिकता को विनष्ट करके मानव जाति की सबसे बड़ी हानि करता है, क्योंकि वैयक्तिकता ही तो सारी प्रगति की कुंजी है। (पृ. 126)
10. यदि भारत हिंसा को अपना धर्म मान लेता है और मैं जीवित रहता हूँ तो मैं भारत में रहने की परवाह नहीं करूँगा, तब वह मेरे अन्दर गौरव की भावना जगाना बन्द कर देगा। (पृ. 151)
11. राष्ट्र का असहयोग राष्ट्र की शर्तों पर सरकार से सहयोग करने का निमंत्रण है जो कि प्रत्येक राष्ट्र का अधिकार और प्रत्येक अच्छी सरकार का कर्तव्य है। असहयोग राष्ट्र की ओर से चेतावनी है कि वह सरकार की प्रतिपाल्यता से सन्तुष्ट नहीं है। (पृ. 172)
12. सभ्यता, सही अर्थों में आवश्यकताओं के बहुलीकरण में निहित नहीं है, बल्कि उनमें सोच-समझ कर स्वैच्छिक रूप से कमी करने में है। (पृ. 179)
13. मैं वह दिन आता देख रहा हूँ जब गरीबों का राज होगा, चाहे वह सशस्त्र संघर्ष के फलस्वरूप हो या अहिंसा के द्वारा। (पृ. 183)
14. भूखों मरने वाले और निष्क्रिय लोगों के सामने ईश्वर सिर्फ़ एक रूप में प्रकट होने का साहस कर सकता है और वह है, काम और उसकी मजदूरी के रूप में रोटी का वायदा। (पृ. 185)

15. अच्छा नाश्ता करके और बढ़िया खाने का इन्तज़ार करते हुए यहाँ बैठकर ईश्वर के बारे में चर्चा की जा सकती है, पर मैं उन लाखों लोगों से ईश्वर के बारे में चर्चा कैसे करूँ जिन्हें दिन में दो बार रोटी भी नहीं मिलती? उनके लिए तो ईश्वर रोटी और मक्खन के रूप में ही प्रकट हो सकता है। (पृ. 187)
16. यदि विधानसभाएँ किसानों के हितों की रक्षा करने में असमर्थ सिद्ध होती हैं तो किसानों के पास सविनय अवज्ञा और असहयोग का अचूक उपाय तो सदा है ही। (पृ. 210)
17. मुट्ठी भर हाथों में धन और सत्ता के केन्द्रीकरण तथा लाखों लोगों के शोषण के लिए मशीन तंत्र के संचालन को मैं पूरी तरह ग़लत मानता हूँ। आज का मशीन तंत्र प्राय: इसी प्रकार का है। (पृ. 228)
18. गरिमामय जीवन के लिए जितनी भूमि की आवश्यकता है, उससे अधिक किसी के पास नहीं होनी चाहिए। इस तथ्य से कौन असहमत हो सकता है कि आम लोगों की घोर दरिद्रता का कारण यह है कि उनके पास अपनी कहने के लिए कोई ज़मीन नहीं है। (पृ. 235)
19. मैं यह मानता हूँ कि मैं अभी तक बोल्शेविकवाद का अर्थ पूरी तरह नहीं समझ सका हूँ। मैं बस यही जानता हूँ कि इसका उद्देश्य निजी सम्पत्ति की संस्था का उन्मूलन करना है। यह अर्थजगत गें अपरिग्रह के नीतिपरक आदर्श की प्रयुक्ति ही है और इस आदर्श को यदि लोग स्वेच्छा से अपना लें अथवा उन्हें शान्तिपूर्ण तरीके से इसे अपनाने के लिए प्रेरित किया जा सके तो इससे बेहतर बात कोई नहीं हो सकती। (पृ. 243)
20. जहाँ तक धन-सम्पत्ति के वर्तमान स्वामियों का प्रश्न है, उन्हें वर्गयुद्ध और अपनी धन-सम्पत्ति के न्यासी के रूप में स्वेच्छा से अपने आपको परिवर्तित कर देने के बीच किसी एक का चुनाव करना होगा। (पृ. 250)
21. निजी व्यक्तियों द्वारा पूँजी का संचय हिंसक तरीक़ों को अपनाए बिना सम्भव नहीं है, लेकिन किसी अहिंसक समाज में राज्य द्वारा पूँजी का संचय न केवल सम्भव अपितु वांछनीय तथा अपरिहार्य भी है। (पृ. 257)

22. वह स्वतंत्रता बेमानी है जिसमें ग़लती करने और यहाँ तक कि पाप करने की स्वतंत्रता भी शामिल न हो। यदि सर्वशक्तिमान प्रभु ने अपने दीनतम प्राणियों को भी ग़लती करने की स्वतंत्रता दी है तो मैं यह नहीं समझ पाता कि कुछ लोग, वे चाहे जितने अनुभवी और योग्य हों, दूसरे मनुष्यों को उस बहुमूल्य अधिकार से वंचित करके किस प्रकार आनन्दित हो सकते हैं। (पृ. 299)
23. वाणी और लेखनी की स्वतंत्रता स्वराज की आधारशिला है। अगर वह ख़तरे में है तो तुम्हें अपनी सम्पूर्ण शक्ति लगाकर उसकी रक्षा करनी चाहिए। (पृ. 308)
24. हमें जनादेश के सिद्धान्त को बेतुकी सीमा तक नहीं खींच ले जाना चाहिए और बहु-संख्यकों का दास नहीं बन जाना चाहिए। वह पशुबल का और भी सांघातिक रूप से पुनरुज्जीवन है। (पृ. 328)
25. गोरक्षा हिन्दुओं का धर्म है, लेकिन अहिन्दू के विरुद्ध बलप्रयोग करके गाय की रक्षा करना उसका धर्म कदापि नहीं हो सकता। (पृ. 385)
26. राज्य के लिए पूरी तरह पन्थ निरपेक्ष होना अनिवार्य है...तदनुसार क़ानून की नज़रों में सभी लोग बराबर होंगे। लेकिन प्रत्येक व्यक्ति बिना किसी रोकटोक के अपने धर्म का पालन करने के लिए स्वतंत्र होगा। बशर्ते कि वह सामान्य विधि का अतिक्रमण न करे। (पृ. 386)
27. जब तक युद्ध के कारणों को नहीं समझा जाएगा और उनको जड़ से नष्ट नहीं किया जाएगा तब तक युद्ध को रोकने के सारे प्रयत्न व्यर्थ सिद्ध होंगे। क्या आधुनिक युद्धों का प्रमुख कारण दुनिया की तथाकथित दुर्बल प्रजातियों के शोषण के लिए मची अमानवीय होड़ नहीं है? (पृ. 431)
28. सच्ची नैतिकता लकीर पीटने में निहित नहीं होती, बल्कि अपने लिए सच्चा रास्ता ढूँढ़ने और निर्भयतापूर्वक उस पर चलने में निहित होती है। (पृ. 459)
29. भोजन के चुनाव का धर्म से कोई वास्ता नहीं है। यह ऐसा मामला है

जिसका निर्णय प्रत्येक व्यक्ति को स्वविवेक से करना चाहिए। (पृ. 466)

30. मेरी दृष्टि में सबसे महत्त्वपूर्ण चीज़ व्यक्ति के प्रति न्याय है, भले ही वह व्यक्ति कितना ही अदना क्यों न हो। बाकी सारी बातें इसके बाद आती हैं। (पृ. 476)

✪✪✪